Heinrich Pfuhl

Untersuchungen über die Rondeaux und Virelais

Speziell des XIV. und XV. Jahrhunderts

Heinrich Pfuhl

Untersuchungen über die Rondeaux und Virelais
Speziell des XIV. und XV. Jahrhunderts

ISBN/EAN: 9783744611237

Hergestellt in Europa, USA, Kanada, Australien, Japan

Cover: Foto ©ninafisch / pixelio.de

Weitere Bücher finden Sie auf **www.hansebooks.com**

UNTERSUCHUNGEN
ÜBER DIE
RONDEAUX UND VIRELAIS
SPECIELL DES XIV. UND XV. JAHRHUNDERTS.

DISSERTATIO INAUGURALIS

QUAM

CONSENSU ET AUCTORITATE

AMPLISSIMI PHILOSOPHORUM ORDINIS

IN

ACADEMIA ALBERTINA

AD

SUMMOS IN PHILOSOPHIA HONORES

RITE CAPESSENDOS UNA CUM THESIBUS

DIE XIV MENSIS FEBRUARII A. MDCCCLXXXVII

HORA XII

PUBLICE DEFENDET

AUCTOR

HENRICUS PFUHL,

BERSZIENENSIS.

~~~~~~~~

ADVERSARIORUM PARTES SUSCIPIENT:

G. MAYN, DRD. PHIL.

M. SELIGER, DR. PHIL.

_____

REGIMONTI.

EX OFFICINA HARTUNGIANA.

Meinen lieben Eltern

gewidmet.

Verzeichnis
der benutzten Texte, Schriften und Abhandlungen.

L. Müller: Das Rondel in den französischen Mirakelspielen und Mysterien des 14. und 15. Jahrhunderts.
Stengels Ausg. und Abh. XXIV. Marburg 1884.

F. Diez, Poesie der Troubadours.

Brakelmann, 23 altfranzösische Chansonniers. Herrigs
Archiv XLII.

G. Paris, Le Roman du Châtelaien de Coucy. Hist.
litt. XXVIII oder Romania VIII.

F. Wolf: Über die Lais, Sequenzen und Leiche.
Heidelberg 1841.

Baudouin de Condé, éd. A. Scheler. Bruxelles 1866.

Li Romanz de la Poire, hg. von Fr. Stehlich 1881.

Li Roumans de Cleomades par „Adenes li Rois,“ éd.
van Hasselt. Bruxelles 1865, 1866.

Le Roman du Châtelain de Coucy, éd. Crapelet. 1829.

Le Roman de Renart le Nouvel, éd. Méon. Paris 1826.
Bd. IV des Roman de Renart.

P. Heyse, Romanische Inedita.

P. Meyer, Mélanges. Romania VII (S. 103).

P. Meyer, Troisième rapport sur une mission littéraire
en Angleterre et en Ecosse. Archives des mis-
sions scientifiques et littéraires, IIe série, tome V.
Paris 1868.

K. Bartsch, Romanzen und Pastourellen. Leipzig 1870.

A. Stickney, Chansons françaises tirées d'un ms. de Florence. Romania VIII.

Adam de la Halle, éd. Coussemaker. Paris 1872.

Eust. Deschamps, éd. Crapelet. Paris 1832.

G. de Machaut, Le Livre du Voir-Dit, éd. P. Paris. Paris 1875.

Oeuvres de Froissart: Poésies, p. p. A. Scheler. Bruxelles 1870, 1871, 1872. 3 vol.

Charles d'Orléans, éd. Guichard. Paris 1842. 1 vol.

Charles d'Orléans, éd. Champollion-Figeac. Paris 1842. 1 vol.

Charles d'Orléans, éd. Héricault. Paris 1874. 2 vol.

Oeuvres de Cl. Marot. La Haye 1731. 6 vol.

Oeuvres de Cl. Marot p. p. Héricault. Paris 1867.

Littré, Dictionnaire de la langue française, art. rondeau, triolet, virelai.

Vapereau, Dictionnaire univers. de la litt. . . . , art. rondeau, virelai, triolet.

Pasquier, Recherches de la France (livre VII, chapitre V). Paris 1633.

Lubarsch: Französische Verslehre. Berlin 1879.

A. Tobler: Vom französischen Versbau alter und neuer Zeit. Leipzig 1880.

K. Bartsch, Chrestomathie de l'ancien français. 4e édition. Leipzig 1880.

Le Mystère de la Passion d'Arnoul Gréban p. p. G. Paris et G. Raynaud. Paris 1878.

M. Banner: Über den regelmässigen Wechsel männlicher und weiblicher Reime in der frz. Dichtung. Stengels Ausg. und Abh. XIV. Marburg 1884.

Miracles de Nostre Dame p. p. G. Paris et U. Robert. Paris 1878. 6 vol.

Ronsard, Oeuvres complètes, éd. Blanchemain. Paris 1866. T. VII, Abrégé de l'art poétique.

Géruzez, Histoire de la littérature française. Paris 1883.

Villon, Oeuvres, éd. Prompsault. 1835.

W. Förster: Romanische Etymologieen. Ztschr. f. rom. Phil. IV. (109/10).

F. Diez: Etymologisches Wörterbuch der romanischen Sprachen (Art. carole). Bonn 1878.

Godefroi, Dictionnaire de la langue française, art. carole und caroler.

La Curne de Sainte-Palaye, Dictionnaire de l'ancien français, art. carole, caroler, rondeau, vireli und virely.

Boccaccio, Decameron.

Las Leys d'Amors. Monumens de la littérature romane depuis le XIVe siècle p. p. Gatien-Arnoult, Ire publication, t. I.

Le Roman de Flamenca p. p. P. Meyer. Paris 1865.

Flore et Blancheflor, hg. v. I. Bekker. Berlin 1844.

Les quatre Livres des Rois p. p. Le Roux de Lincy. Paris 1841.

Scheler, Dictionnaire d'étymologie, art. rondeau.

G. Raynaud, Recueil de motets français des XIIe et XIIIe siècles, t. I. 1881.

K. Sachs: Encyklopädisches, französisch-deutsches Wörterbuch. Art. rondeau.

G. Jacobsthal: Die Texte der Liederhandschrift von Montpellier H 196. Diplomatischer Abdruck in der Ztschr. f. rom. Phil. Bd. III.

La Vie de Saint Alexis, éd. G. Paris et Panier (Préface). Paris 1872.

A. Tobler: Paris et Panier, La Vie de Saint Alexis. Gött. gel. Anz. 1872.

Ducange: Glossarium mediae et infimae latinitatis, art. vireli.

Victor le Clerc, Eudes Rigaud. La France littéraire XXI (S. 624).

Vorwort.

Die Arbeit von L. Müller: Das Rondel in den Mirakelspielen und Mysterien des 14. und 15. Jahrhunderts (Stengels Ausgaben und Abhandlungen XXIV), welche die Form und Anwendung des „dramatischen Rondels" behandelt, hat meine Untersuchungen, die schon vor dem Erscheinen jener begonnen, aber verschiedentlich längere Zeit unterbrochen wurden, nicht überflüssig gemacht.

Die vorliegende Arbeit entstand aus Untersuchungen über die lyrischen Formen des 14. und 15. Jahrhunderts und beabsichtigte anfänglich allein die Zusammengehörigkeit der Rondeaux und der Virelais[1]) vor Augen zu führen. Wenn sich dann der Abschnitt über die Form zu einer Feststellung ihrer Grundgesetze von allgemeineren Gesichtspunkten gestaltete, der Abschnitt über die diesen Liedern gemeinsame eigentümliche Verwendung einer ausführlicheren Schilderung der Hauptfälle gewidmet wurde, so wird doch auch das, was über das ursprünglich Beabsichtigte hinausgeht, immerhin von einigem wissenschaftlichen Werte sein. Ein besonderer Abschnitt über den Inhalt dieser Lieder konnte mit guten Gründen zurückbehalten werden; denn es

---

1) Bisher findet man die Virelais gewöhnlich irrtümlicherweise mit den Lais zusammengestellt, was selbst auch in älteren französischen Poetiken geschieht.

bedarf keiner ausführlichen Untersuchung, dass der Inhalt beider Liederarten einen gleichen Artcharakter trägt und Unterschiede desselben in ihnen nur auf die verschiedene Ausdehnung ihrer Formen zurückzuführen sind. Im allgemeinen ist der Stoff zu diesen Liedern auch denselben Gebieten entnommen wie derjenige verschiedener anderer Liederarten des 14. und 15. Jahrhunderts, und was die Darstellungsweise des Inhalts und die Vortragsweise dieser Lieder anbetrifft, so lernt man dieselben für unsere Zwecke zur Genüge schon aus den beiden andern Teilen der Arbeit kennen.

Untersuchungen über die Rondeaux und Virelais.

Einleitung.

In der ersten Hälfte des 14. Jahrhunderts findet in der französichen Lyrik in gewisser Beziehung ein bedeutender Umschwung, welcher sich schon in der zweiten Hälfte des 13. Jahrhunderts bemerklich macht, seinen Abschluss. Während im 13. Jahrhundert die höfische Lyrik der Nordfranzosen noch stark unter Einwirkung der provenzalischen steht, hat sie sich im 14. Jahrhundert fast vollständig von fremdländischem Einfluss freigemacht. Auch äusserlich, an der Form,[1] zeigt sich nun eine fertige und ausgeprägte Selbständigkeit. Man hatte sich inniger dem Nationalen zugewandt und alte volkstümliche Formen durch kunstgemässe Behandlung der höfischen Poesie zugeführt. Den Ursprung eines kleineren Kreises der nunmehr zur Herrschaft gelangten Kunstformen wird man allerdings in jenen Dichtungsarten der vorangegangenen Periode suchen müssen, welche erst durch provenzalischen Einfluss nach Frankreich gekommen sind oder doch wenigstens ihre feinere künstliche Gliederung erst provenzalischem Einfluss verdanken; aber nun war alles von den nordfranzösischen Dichtern verarbeitet, förmlich in ihr Fleisch

---

1) Vgl. dazu Diez: Poesie der Troubadours, S. 239.

und Blut übergegangen, man ahmte nun nicht mehr
nach, sondern ging seine eigenen Wege, modifizierte und
änderte nach eigenem Ermessen, so dass auch diese
Formen das Gepräge französischen Geschmacks annahmen
und mit gewissem Rechte als Erzeugnisse französischen
Geistes angesehen werden können. Zu jenen Dichtungsarten der neubegründeten Epoche in der französischen
Lyrik, die bis gegen Ende des 15. Jahrhunderts währte,
gehören besonders: rondeaux, virelais, ballades; chansons
royaux (mit Einschluss der serventois); lais und com-
plaintes (daneben auch einige conforts). Die folgenden
Untersuchungen sollen sich im ganzen nur auf die Rondeaux und Virelais erstrecken, welche sich durch gewisse Besonderheiten als besondere Gruppe von den
übrigen Formen leicht ausscheiden lassen.[1])

Im 13. Jahrhundert zeigen sich die Rondeaux als
althergebrachte, lange bevorzugte Formen der französischen
Volkspoesie; auch in höfischen Kreisen hatten sie schon
eine gewisse Pflege und Beliebtheit gefunden. Von den
23 altfranzösischen Chansonniers, die Brakelmann in
Herrigs Archiv, Bd. XLII, bespricht, ist es freilich nur
die Handschrift des Vatikan 1490 aus jener Zeit, welche
eine Gruppe von (10) Rondeaux enthält,[2]) — gleich als
wenn man diesen Liedern vulgären Ursprungs neben der

---

1) In einer umfangreicheren Arbeit, in welcher sämtliche lyrische Formen der oben bezeichneten Zeit behandelt
werden sollen, müsste man auch auf die nahen Beziehungen
dieser Lieder, besonders der Virelais, zu den französischen
Balladen eingehen. Uns liegt der zweite Teil unserer Arbeit
am meisten am Herzen, und mit den dort behandelten besonderen Verwendungen der Rondeaux und Virelais haben die
französischen Balladen direkt nichts zu thun.

2) Es sind dieses die Rondeaux Wilhelms von Amiens,
herausgegeben von P. Heyse: Romanische Inedita.

vornehmen Dichtungsart der Kanzonen keine weitere
Berücksichtigung zugestehen mochte. Allein man findet
mehrfach diese Lieder oder Anfänge derselben in Romane
des 13. Jahrhunderts eingefügt, so z. B. in Guillaume
de Dole, in den Roman de la Violette,[1] in Baudouin
de Condé's, Prison d'Amour, in den Roman de la Poire,
Cleomades, Chastelain de Coucy, Renart le Nouvel.[2]

---

1) Guillaume de Dole und der Roman de la Violette
sind mir nicht zugänglich gewesen; ich setze sie aber aus
folgenden Gründen auch in die obige Reihe:

G. Paris: Romania VIII, S..367, Anm. I, bemerkt zu
der Thatsache, dass in den Roman dou Chast. de Coucy der
Verfasser neun Kanzonen einschaltet: Il y intercale aussi des
chansons à danser, toujours à l'exemple de Guillaume de Dole
et d'autres romans. Jene chansons à danser im Chast. de
Coucy sind aber Rondeaux. Da sich nun im 13. Jahrhundert
sonst keine andere Art von „chansons à danser" in grössere
französische Dichtungen eingefügt zu finden scheinen, so
werden sich wohl auch im Guillaume de Dole Rondeaux
finden.

Wolf: Über die Lais etc., Anm. 18, S. 185 ff., bespricht
die Karole und ihre Lieder und fährt nach seinen Auszügen
aus dem Chast. de Coucy fort: „Eine ähnliche Beschreibung
einer Feste de caroller mit den eingeschalteten Anfängen der
Tanzlieder enthält auch der Roman de la Violette, p. 6—10."
Die Karole-Lieder jener Zeit sind aber, soweit sich die Belege verfolgen lassen, Rondeaux gewesen.

2) In jenen Romanen, in welche diese Lieder in voller
Form eingefügt sind, wie im Cleomades oder Chast. de Coucy,
ist es unzweifelhaft, dass wir Rondeaux vor uns haben, wenn
sich auch dieser Name für dieselben hier nicht findet. Nicht so
selbstverständlich ist es jedoch, dass wir es auch in den andern,
oben aufgeführten Romanen, in welche nur die Anfänge von
Liedern eingeschaltet sind, wie in der Prison d'Amour, in dem
Renart le Nouvel, mit Rondeaux zu thun haben. Ein absoluter
Beweis dafür kann wohl in keinem dieser drei letzten Fälle
beigebracht werden, doch ist die Wahrscheinlichkeit dafür
der Gewissheit sehr nahe. Es würde nun über den Rahmen

Es ist nun besonders die verhältnismässig grosse Zahl solcher Lieder, die in jene Romane eingeschaltet werden — im Renart le Nouvel allein sind es mehr als fünfzig (fast ebensoviel in der Prison d'Amour) und die allgemeine Bekanntschaft, die im Leserkreise mit jenen Liedern vorausgesetzt wird, welche von einer ausgedehnten Verbreitung derselben schon zu dieser Zeit zeugen. Von einer eigentlichen Blüte der französischen Rondeaux in der höfischen Poesie kann man aber erst im 14. Jahrhundert reden.

einer Einleitung führen, wollte ich hier die Untersuchungen, die mich zur obigen Behauptung bestimmten, ausführlich wiedergeben, doch mögen die darauf hindeutenden Thatsachen wenigstens aus dem letzten Romane kurz angeführt werden:

Renart le Nouvel, herausgegeben von Méon im vierten Bande des Roman de Renart (1826), enthält etwa fünfzig mit Noten versehene lyrische Partieen, die sämtlich denselben Charakter tragen, wie er den Anfangsversen von Rondeaux eigen ist. Mehrere derselben kennzeichnen sich ohne weitere Untersuchung als Anfänge von Karole-Liedern (=Rondeaux) oder deren Refrains, was in diesem Falle so ziemlich auf Gleiches hinauskommt. So werden einige (fünf) jener Lieder während einer Karole vorgetragen (vgl. a. a. O. Bd. IV, S. 226/7). wovon nur eines mit dem Artnamen rondet bezeichnet ist. Zwei weitere, die nicht zur Karole gesungen werden, nennen sich cançons de carole, S. 310, und rondet de carole, S. 417; ein anderes, S. 408, wird allein mit rondet bezeichnet. Das Lied, S. 401, fällt mit einem Karole-Lied bei Jacques Bretex zusammen, vgl. Wolf: Lais, S. 186. Ferner geben einige die erste Versgruppe wohlbekannter Rondeaux von Adam de la Halle wieder: S. 317, 402, 404, 409 (dasselbe wie auf S. 317), S. 418 (dasselbe wie auf S. 402); auch führt Méon die Anfänge einzelner Rondeaux dieses Dichters in den Varianten der Hdschr. auf: S. 405, 412, 413, (dasselbe wie S. 404 im Text), S. 415. Sodann findet sich unter jenen Gesangpartieen S. 403 der Anfang eines Rondeau von Wilhelm von Amiens (vgl. P. Heyse: a. a. O. oder auch Bartsch: Chrest. de l'anc. fr.) und S. 387 oder auch S. 413 als Variante angeführt der Anfang

Unter den Namen rondeau begreifen wir für das
13. Jahrhundert sowohl die eigentlichen rondeaux
(rondes) wie auch die Grundformen der virelais, obgleich
sie gelegentlich schon von einander geschieden werden.
Als Grundformen der Virelais sehen wir an: (Das Liedchen Cleomades 5533 ff.) zwei Rondeaux von Adam de la
Halle [Nr. 4 und 16 in der Ausgabe von Coussemaker[1])]
und (mit gleichem Rechte wie die beiden letzten) einen
grossen Teil der ballettes[2]) (von allgemeineren Gesichts-

---

eines Rondeau, herausgegeben von P. Meyer: Romania VII, 103.
Soweit wir es nun nicht ausdrücklich bemerkt haben, sind die
eben verzeichneten Lieder(anfänge) keiner besonderen Gattung
zugewiesen, sondern werden eventuell nur allgemein mit chant,
chanson etc. bezeichnet, wie das auch bei den übrigen in
unsern Roman gefügten Liederanfängen der Fall ist. Da sich
also in einem ansehnlichen Teil jener Gesangspartieen des
Renart le Nouvel die ersten Verse von Rondeaux — und zwar
in den anderwärts bekannten die volle erste Versgruppe, A, —
zu erkennen geben und sich ferner auch für den andern Teil
weder von Seiten der Form noch des Inhalts noch besonders
auch der den Rondeaux eigentümlichen Verwendung (wie wir
letztere im wesentlichen schon aus dem Cleomades und Chast.
de Coucy kennen) etwas dagegen einwenden lässt, so hat
man ein gewisses Recht, auch im letzteren Anfänge oder Refrains von Rondeaux vorauszusetzen.

Geben wir zu, dass wir es in den Gesangspartieen des
Renart le Nouvel mit Anfängen von Rondeaux zu thun haben —
auch der bedächtigste Kritiker wird nicht umhinkönnen, dieses
wenigstens für die Mehrzahl derselben zuzugestehen —, so ist
es nicht schwer, ähnliches auch für die Prison d'Amour und
den Roman de la Poire nahezulegen. [Der Herausgeber des
letzten Romans erklärt Einleitung S. 17, dass seine Nach-
forschungen bezüglich der betreffenden Lieder in einem Lieder-
kodex erfolglos blieben; vgl. dazu oben S. 11/12.]

1) Vgl. auch L. Müller: Das Rondel etc. S. 8.
2) In den ballettes hat man wohl auch die Grundformen
der im 14. Jahrhundert auftretenden französischen Balladen

punkten kann man auch sämtliche ballettes als Grundformen der Virelais ansetzen) in der Douce-Hdschr. 308,
wovon Proben herausgegeben sind von P. Meyer, Archives des missions scient. et litt., IIme série, tome V,
Ire livraison (1868), p. 154/5 und von Bartsch: Rom.
u. Past. I, Nr. 23—26, 45 (ebd. II Nr. 35, etc.). Wenn
wir also oben neben andern auch die Liederanfänge aus
dem Renart le Nouvel sämtlich als Rondeaux-Anfänge
bezeichnet haben, so wird man uns nicht dagegen einwenden, dass z. B. die in diesem Roman 6942 befind-
lichen Verse die erste Versgruppe oder den Refrain
einer bei Bartsch: Rom. 24, nach dem obigen Douce-Mscr.
abgedruckten ballette bilden oder auch die zu Renart
le Nouvel 6926 aus zwei Hdschr. gegebene Variante (die
allerdings nur von einem Schreiber herrühren wird) die
erste Versgruppe (oder der Refrain) der 32. ballette
der oben genannten Douce-Hdschr. ist (herausgegeben
von P. Meyer a. a. O. S. 242/3 oder von Bartsch:
Rom. 26).

In der ersten Hälfte des 14. Jahrhunderts werden
die Formen der Virelais als besondere höfische Lieder-

---

zu suchen (und nicht etwa in den prov. Balladen, denen die
altfranzösischen Balladen der Form nach nicht einmal so
nahe stehen wie den prov. danzas); so dass also die französischen ballettes einerseits als Grundformen der chansons
balladées (= virelais), andererseits als Grundformen der französischen Balladen anzusehen sind. Neben diesen beiden
neuen höfischen Dichtungsarten scheinen die ballettes als
volkstümliche Formen fortbestanden zu haben. So wird noch
in einer florentinischen Handschrift aus dem Anfange des
15. Jahrhunderts (nach Romania VIII) eine Sammlung solcher
ballettes überliefert (die dort freilich diesen Namen nicht zu
führen scheinen) — französische und italienische Lieder in
bunter Mischung nebeneinander, die französischen herausgegeben
von Stickney: Romania VIII, 74 ff.

art neben den Rondeaux völlig ausgebildet.[1]) Die folgenden Untersuchungen sollen sich des näheren mit diesen Liedern, wie sie im 14. und 15. Jahrhundert auftreten, beschäftigen. Gegen Ende des 15. Jahrhunderts verschwanden die Formen der Virelais, mit denen wir es zu thun haben werden[2]), für immer aus dem Kreise der üblichen französischen Dichtungsarten, die erste und Hauptblütezeit der französischen Rondeaux erreichte damals ihr Ende. Zur Zeit der Marots hatten die Rondeaux noch unter veränderter Gestalt eine Art von Nachblüte. Indes müssen ihre Formen schon um die Mitte des 16. Jahrhunderts von den französischen Dichtern für längere Zeit aufgegeben worden

---

1) Nach Wolf: Lais S. 141, heisst es in einer mit der des Eust. Deschamps fast gleichzeitigen Poetik (diejenige des Eust. Deschamps datiert vom 25. November 1392): Apres, vint Philippe de Vitry, qui trouva la maniere des motes et des balades et des lais et des simples rondeaux, et en musique trouva ... Apres, vint maistre Guillaume de Machaut, le grant rethorique de nouvelle fourme, qui commencha toutes tailles nouvelles ... Danach könnte es Machaut gewesen sein, welcher die Virelais zu wirklichen Kunstformen erhoben hat. Auffallend dagegen wäre dann der Umstand, dass der junge Froissart in seinem Paradys d'Amour und der Espinette amoureuse es sich erlaubt, wie wir Teil I, Kapitel II, Abschnitt I sehen werden, die Virelais auch nur aus zwei grösseren Versgruppen zusammenzusetzen, während doch Machaut noch im Voir-Dit durchaus drei solcher Versgruppen verlangt

Machaut selbst bevorzugt in seinem Voir-Dit noch den Namen chanson balladée vor virelai; Deschamps scheinen in seiner Poetik beide Namen für die betreffende Liederart gleich geläufig; Froissart aber nennt sie nur virelais, Charles d'Orléans wieder nur caroles. Wir wählen für diese Lieder die Froissartsche Benennung.

2) Bezüglich weiterer Formen mag auf den betreffenden Artikel bei Vapereau und die französische Verslehre von Lubarsch verwiesen werden.

sein; denn Pasquier behandelt sie in seinen Recherches de la France[1]) nur noch als etwas Altertümliches, das schon ganz in Vergessenheit geraten sei. Eine Darstellung der späteren Wiederaufnahme und der weitern Schicksale sowohl derjenigen Formen von Rondeaux, die zu Marots Zeit gepflegt wurden, als auch bestimmter Formen der ältesten Zeit (nfrz. triolets) sowie vermeintlicher Nachbildungen älterer Formen (s. Lubarsch: Frz. Vsl. S. 378/9) hat für das Folgende im ganzen keine Wichtigkeit und kann darum ohne Nachteil hier übergangen werden. Einige wichtige Notizen darüber findet man z. B. in den betreffenden Artikeln bei Littré und Vapereau (Dict. univ. de la litt.), worauf hier verwiesen werden mag.

---

1) Nach Tobler: Vsb. 70, seit 1560 erschienen. In diesen Recherches sagt Pasquier VII, 5 (Paris 1633), in Bezug auf die Chants Royaux, Ballades und Rondeaux:... depuis le regne de Henry deuxiesme [1547—1559] nous avons perdu l'usage de ces trois pieces, und nachdem er ihre Formen besprochen: Si ces trois especes de Poësie estoient encores en usage, ie ne les vous eusse icy representees comme sur un tableau: vous les recevrez de moy comme d'une antiquaille.

Erster Teil.

Form der Rondeaux und Virelais[1])

Rondeaux und Virelais sind nicht in Strophen gegliedert, die der Form nach mit einander übereinstimmen. Sie setzen sich jedoch aus gewissen Versgruppen zusammen, die der Form und den Versausgängen[2]) nach sämtlich auf die beiden ersten zurückgehen.

---

1) Es lag nicht in meiner Absicht, jedes bereits veröffentlichte Rondeau, jeden bekannten Virelai hier mit in die Untersuchung zu ziehen. Bei einer solchen Ausdehnung der Arbeit hätte sich wohl auch der Mangel einer leicht erreichbaren ausreichenden Bibliothek zu sehr fühlbar gemacht. Nur darauf kam es mir hier an, mit möglichster Vorsicht die Grundgesetze in der Zusammensetzung dieser Lieder festzustellen Dabei richtete ich mein Augenmerk hauptsächlich darauf, die Gesetze für ihre Refrains zu bestimmen, welche ich bisher nur unkritisch und nicht zuverlässig aufgestellt fand. Es genügte mir darum, die Rondeaux und Virelais von Machaut (mir stand sein Voir-Dit zur Verfügung), Froissart, Eust. Deschamps (soweit seine Dichtungen in der Auswahl von Crapelet und den drei ersten Bänden von Hilaire vorliegen) und Charles d'Orléans genauer zu untersuchen. Im folgenden wird es sich also im wesentlichen um die Formen derjenigen Periode handeln, welche im ganzen die Zeit der Pflege der Virelais umfasst, und in welcher die Rondeaux in ihrer höchsten Blüte standen. Die mir vorliegenden Rondeaux des 13. Jahrhunderts ziehe ich mit guten Gründen für das Folgende hier und da nur im allgemeinen heran.

2) Mit dem technischen Ausdrucke „Reim" allein ist bei diesen Dichtungsarten schwer durchzukommen, besonders da einzelne Versgruppen, für sich genommen, keinen Reim aufzuweisen brauchen. Wir bezeichnen daher denjenigen Teil eines Verses, der für den Reim in Betracht kommt mit „Versausgang", indem wir die allgemeinere Bedeutung dieses Wortes hier als technischen Ausdruck etwas einschränken. Demnach unterscheiden wir Versausgänge nicht nur dem Geschlechte nach, sondern auch dem Laute nach.

Im wesentlichen bedingt aber schon, wie wir weiter
unten des näheren sehen werden, die erste Versgruppe
die Gestalt des ganzen Liedes. Ihrem Inhalte nach
brauchen die einzelnen Versgruppen nicht durch eine
starke Interpunktion von einander geschieden zu werden.
Die erste derselben, bei den Rondeaux auch nur ein
Teil davon, wird an bestimmten Stellen als Refrain
wiederholt.

Erstes Kapitel.

Form der Rondeaux.

Erster Abschnitt.

Zusammensetzung der Rondeaux aus den einzelnen Versgruppen.

Am zweckmässigsten zergliedert man ein Rondeau
in fünf Versgruppen: A B C D E.

Sehen wir zunächst von einer Nebenart ab, die im
15. Jahrhundert hin und wieder auftritt, so wiederholt B der
Form nach und in den Versausgängen (event. im Versausgange) auch dem Laute nach den ersten Teil von A
und zwar, wie wir im folgenden Abschnitt sehen werden,
einen ganz bestimmten Teil von A; C wiederholt nicht
nur der Form sondern auch dem Inhalt nach denselben
Teil von A (erster Refrain); D wiederholt A der Form
nach und in den Versausgängen auch dem Laute nach;
E, der zweite Refrain, wiederholt zuweilen nur denselben
Teil von A wie C (der erste Refrain), zuweilen aber
auch die ganze erste Versgruppe. Der Form und dem
Reim nach lassen sich also die Rondeaux entweder

unter das Schema A B B̲ A B̲[1]) oder A B B̲ A A̲[2])
bringen.[3])

Die oben erwähnte Nebenart der Rondeaux, die
sich allerdings nur selten erst im 15. Jahrhundert zu
finden scheint [meine Besprechung derselben geschieht
auf Grundlage der Belege in den Poésies de Charles

---

[1]) Beispiel: Froissart Nr. XLVIII in der Ausgabe von
Scheler:

En un isle de mer, ensus de gens,	} A.
Où on ne poet entrer fors par fortune,	
Sont mes amours, ce n'est mie grans sens.	| B.
— En un isle de mer, ensus de gens —	| C = B.
Je waucre autour, mes je ne puis dedens,	{ D = A.
Pour arriver n'i voi voie nesune.	
En un isle de mer, ensus de gens.	| E = C = B.

[2]) Machaut, Voir-Dit, p. 52.

Dame se vous n'avez apercëu	
Que je vous aim de cuer, sans decevoir,	(A.
Essaiez le, si le sarez de voir.	
Vo grant biaute m'aroit trop decëu	} B.
Et vo douçour qui trop me fait doloir	
— Dame se vous n'avez apercëu	} C = B.
Que je vous aim de cuer sans decevoir —;	
Car mon cuer ont si tres fort esmëu	
A vous amer, que je puis percevoir	{ D = A.
Que jamais bien doie ne joie avoir.	
Dame se vous n'avez apercëu	
Que je vous aim de cuer, sans decevoir,	} E = A = D.
Essaiez le, si le sarez de voir.	

[3]) Aufgabe desjenigen, welcher diese beiden Formschemen
nicht anerkennen will, wird es sein, aus dem Kreise der oben
(S. 18 Anm.) angegebenen Formen solche unbeanstandete Belege aufzutreiben, die sich denselben nicht fügen, oder wenn
er nur eins derselben gelten lassen will, die Gründe zu wider-
legen, welche für dieselben besonders in dem diesem Abschnitt
folgenden Exkurse angegeben sind. Notwendig wird ein
solches Formschema z. B., wenn man sich die musikalische
Behandlung und Vortragsweise dieser Lieder erklären will
(vgl. u. a. unten S. 25 oder Teil II).

d'Orléans], weicht darin von der gewöhnlichen Form ab, dass die Versgruppe C nicht mehr dem Inhalt nach auf die erste Versgruppe zurückgeht und mit ihr B nur noch der Verszahl und dem Versmass (resp. den Versmassen) nach von A in Abhängigkeit steht. E bleibt allerdings als Refrain ungeändert, doch liegt uns nicht Material genug vor, es fest und sicher zu entscheiden, ob hier noch beide Fälle, E = A und E = C, möglich sind, oder ob hier nur einer derselben in Betracht kommt (vgl. darüber weiter unten S. 26/27).[1]

In den Rondeaux des 16. Jahrhunderts sind die Refrains bis auf die ersten Worte verkürzt. Gewöhnlich weisen sie drei oder vier Silben auf.[2]

---

[1] Beispiel eines Bondeau der Nebenart: Charles d'Orléans éd. Guichard p. 350, Géruzez, Hist. d. l. litt. 280/1.

Crie soit à la clochete	
Par les rues, sus et jus,	A.
Fredet, on ne le voit plus,	
Est il mis en oubliete?	
Jadis il tenoit bien conte	B.
De visiter ses amis,	
Est il roy, ou duc, ou conte,	C = B.
Quant en oubly les a mis?	
Banny à son de trompete,	
Comme marie confus,	D = A.
Entre chartreux, ou reclus,	
A il point fait sa retrete?	
Crie soit à la clochete,	E.
Par les rues, etc.	

[2] Cl. Marot p. p Héricault Nr. XX.
Nostre maistre Geoffrey Brulart,
Qui sçavez la science et l'art
De guerir les gens de tous maulx,
Jcy c'est l'ung de voz fëaulx
Qui de colique brusle et ard.
Je ne mange poisson ne lard,

Exkurs über die Ausdehnung der Refrains in den Rondeaux. Die Untersuchungen über die Ausdehnung der Refrains, welche in den Handschriften nur höchst selten ausgeschrieben sind, werden hauptsächlich dadurch erschwert, dass manche Herausgeber (besonders französische) die ihnen vorliegenden Abkürzungen höchst eigenmächtig, nicht einmal immer in gleicher Weise auflösen, zuweilen sogar gegen die Handschriften durchaus bemüht sind, sämtlichen alten Rondeaux das Formsystem der neufranzösischen Triolets (in dem E allein = A ist) aufzudrängen. Bestätigt wird aber das Resultat meiner Untersuchungen besonders durch folgende Thatsachen:

Was zunächst den ersten Refrain C anlangt, so dürfte die oben gegebene Regel, dass er mit B gleiche Form und gleiches Reimsystem bat, auch durch die Nebenart von Rondeaux aus der Zeit des Charles d'Orléans bestätigt werden (ein Beispiel dieser Nebenart s. S. 21, Anm.), wo die Versgruppe C dem Inhalte nach nicht mehr auf A zurückgeht (also nicht mehr Refrain ist), daher auch nicht mehr abgekürzt werden konnte, und wo C stets mit B′ gleiche Form hat.[1]

Non que craigne le papelart,
Mais mon mal me fait trop d'assaulx,
   Nostre maistre.
Venez y donc plus tost que tard,
Et n'oubliez pas le broillart
De vos receptes à monceaulx,
Et paye serez en royaulx;
Car vous estes sage vieillart,
   Nostre maistre.

1) Demgemäss ist bei Charles d'Orléans z. B. chanson 100, vol II, p. 59, éd. Héricault (ch. 103, p. 249, éd. Champollion-Figeac), — rondeau 71, v. II., p. 119, éd. Héricault (r. 32, p. 169. éd. Champollion-Figeac), — rondeau 118, v. II., p. 144, éd. Héricault r. 118, p. 311, éd. Champollion-Figeac), — etc., etc., etc. zu verändern.

Bezüglich des zweiten Refrains hat man zwei Fälle zu unterscheiden: E entweder = C oder = A. Der erste Fall dürfte durchgängig in den unbezweifelt echten Werken Froissarts vorliegen, da gemäss der Ausgabe Schelers durchweg in allen den Fällen, in welchen die Handschriften die Refrains ausschreiben,[1]) dieser Fall vorliegt. Ebenso wird derselbe in den Dichtungen von Charles d'Orléans statthaben; denn gemäss Héricault, vol. II, pag. 282 weist die englische Version nur dergleichen Formen auf.[2]) Ferner könnte für Charles d'Orléans der Umstand in Anschlag gebracht werden, dass der erste Refrain auch der Verszahl nach in den Handschriften angedeutet zu werden pflegt, während der zweite nur durch den Anfang seines ersten Verses angedeutet ist[3]), was für den Fall, dass beide Refrains gleiche Ausdehnung hatten, mit Rücksicht auf Raum-

---

1) In Bezug auf die beiden Mscr., eines datiert vom Jahre 1393, das andere beendet am 12. Mai 1394, sagt Scheler in der Introduction zu den Poésies de Froissart p. X: Ils sont exclusivement consacrés aux productions rimées de Froissart et ont toute l'apparence d'avoir été des exemplaires d'hommage offerts par l'auteur; vgl. S. XI ff. Wo also diese Handschriften selbst die Refrains ausschreiben, dürfte sich wohl nicht bezweifeln lassen, dass sie es auch in richtiger Weise thun.

2) Die Stelle bei Héricault heisst: J'ai remarqué que contrairement à tous nos manuscrits qui ne redisent à la fin des rondeaux que le premier vers, la version anglaise en répète deux ou trois, c'est-à-dire autant qu'au milieu de la pièce.

3) Als Beispiel, wie der Refrain überliefert ist, diene folgendes Rondeau, éd. Guichard p. 103 (vgl. Géruzez, Hist. d. l. litt. fr. p. 279/80):

Tiegne soy d'amer qui pourra,
Plus ne m'en pourroie tenir,
Amoureux me fault devenir,
Je ne sçay qu'il m'en avendra;
Combien que j'ay oy, pieça,

und Zeitersparnis nur zu billigen ist, für den Fall aber, dass sie nicht gleiche Ausdehnung hatten, doch immer sonderbar wäre (wofern man sich dadurch nicht verleiten lässt, den zweiten Refrain mit einem Verse aufzulösen). Sodann werden die Refrains in den Formen der Rondeaux der Zeit Marots gleichmässig behandelt, was man auch als darauf hindeutend ansehen könnte, dass schon in den älteren Formen, aus denen jene unmittelbar hervorgingen, die beiden Refrains gleiche Ausdehnung hatten.[1])

Qu'en amours fault mains maulx souffrir.
Tiengne soy etc.
Plus ne, etc.
Mon cuer devant yer accointa
Beaute qui tant le scet chierir,
Que d'elle ne veult departir
C'est fait, il est siens et sera.
Tiengne soy d'amer, etc.

1) Es könnte sich auch, wenn man die historische Entwickelung der Formen der Rondeaux nicht ausser Auge lässt, wohl nur darum handeln, ob die Rondeaux von Charles d'Orléans Formen hatten, in denen E = C oder E = A war, oder eventuell auch beide Formen von ihm gepflegt wurden. Wenn nun Champollion-Figeac und Héricault die Abkürzungen für den zweiten Refrain nur mit einem Verse auflösen und darum meist gezwungen sind, diesen Vers inhaltlich an die letzten Verse von D zu fügen, so leidet darunter die Darstellung des Inhalts ungemein. Mitunter bekommt man vom Inhalt der Rondeaux, wie sie diese beiden Herausgeber konstruieren, einen ganz anderen Eindruck, als ihn Charles d'Orléans beabsichtigt haben kann. Im letztangeführten Beispiele (S. 23/24) schliesst z. B. das Rondeau bei Champollion-Figeac und Héricault mit dem Verse;
Tiengne soy d'amer qui pourra.
Man glaubt unwillkürlich, dass es der Zweck dieses Rondeau ist, jedem Menschen von der Liebe abzuraten. Wenn wir aber das Rondeau mit den Versen:
Tiengne soy d'amer qui pourra,
Plus ne m'en pourroye tenir,

[Bei Machaut und Deschamps finden sich gemäss der Wiedergabe der Rondeaux von den Herausgebern beide Arten von Formen angewandt.] Bestätigung für das Vorhandensein beider Arten wird man in jenen Fällen finden können, zu denen die Noten überliefert sind. Wenn das Rondeau nicht gerade zu besonderen Zwecken, wie etwa motets, etc. verwandt wird, so werden zu demselben gewöhnlich nur die Noten für die erste Versgruppe A überliefert.[1]) Die Melodie von A musste also für das ganze Rondeau ausreichen, was auch leicht denkbar ist, da ja die andern Versgruppen sämtlich der Form nach auf A zurückgehen. Zuweilen wird es nun allerdings

---

schliessen, wie das schon Géruzez a. a. O. thut, so sagt der Dichter nur, dass er (im vorliegenden Fall) nicht fähig ist, sich der Liebe zu erwehren, und dieses hat doch entschieden Charles d'Orléans nur sagen wollen. Den richtigen Einblick in die Rondeaux-Formen von Charles d'Orléans dürfte schon Guichard gehabt haben, wie sich das aus der Interpunktion schliessen lässt, der aber vorsichtigerweise gemäss den Handschriften die Refrains abgekürzt wiedergiebt. Die Auffassung Guichards ist auch von Géruzez in den Beispielen seiner Hist. d. l. litt. fr. übernommen.

1) So bei Adam de la Halle; darum wohl auch die Noten im Renart le Nouvel; so auch in der abgedruckten Probe aus Machauts Voir-Dit. Blieb noch einiger Raum in den letzten Notenlinien übrig, so wird derselbe, wie z. B. in Nro. VI und X der Rondeaux von Adam de la Halle, éd. Coussemaker, (vgl. auch Nro. IV,) mit den ersten Noten für die Versgruppe B ausgefüllt, welche, wie man sich hier überführen kann, mit denen des ersten Verses (resp. der ersten Verse) von A identisch sind, abgesehen natürlich von offenbaren Flüchtigkeitsfehlern. In Nro. IX ebd. liegt ein auffälligeres Versehen des Schreibers vor, aber keineswegs, wie Coussemaker glaubt, in Bezug auf den Text. Der Text von B ist in der Hdschr. an ganz richtiger Stelle, nur hat der Schreiber in seiner Noten-Vorlage ein (zusammengehöriges, dreifaches) Liniensystem zu tief gesehen.

vorkommen können, dass die Melodie bei ihrer Anwendung auf beide in Frage stehenden Formen (E = C und E = A) einen befriedigenden Abschluss giebt, gewöhnlich wird aber die Musik nur in einem der beiden Fälle einen befriedigenden Abschluss gewähren, und dieser schliesst sich doch mit aller Wahrscheinlichkeit nur an die vom Komponisten (meist der Dichter selbst) gewählte Form. Gewisse Wahrscheinlichkeit für das Vorhandensein des zweiten Ealles bietet schon der Umstand, dass er auch in den neufranzösischen Triolets vorliegt.[1]) Bestätigt wird er z. B. in dem Froissart zugeschriebenen Trésor amoureux, wo dergleichen Formen an der Spitze von Balladen stehen und die einzelnen Verse dieser Rondeaux noch einmal derartig in die Balladen eingefügt sind, dass die Form der ersteren unzweideutig wird.[2])

Was zum Schluss noch die Ausdehnung des Refrains in den Rondeaux der oben erwähnten Nebenart betrifft (s. oben S. 20/21), so haben wir es unentschieden gelassen,

---

1) Ich spreche hier nur von gewisser Warscheinlichkeit. Wenn z. B. Bannville wie Lubarsch: Vsl. S. 377/8, meinen solllte, dass die von ihm gewählte Form (bestehend aus 13 Versen, wovon der zweite Refrain nur einen Vers zählt) schon bei Charles d'Orléans vorkommt, so werden wir ihm das solange nicht glauben, als bis er sie für diesen Dichter bewiesen hat. Auf schlechte Ausgaben wie die von Champollion-Figeac oder Héricault darf man sich nicht stützen.

2) Als Beispiel folge gleich der erste Fall; s. Ausgabe von Scheler Bd. III. S. 94/5:

Mal du prestre dit on	Mal du prestre dit on
Qui blasme ses reliques	Qui sert et a servi
A hault ou à bas ton;	Sans avoir guerredon
Mal du prestre dit on.	Quant il l'a asservi;
Ainsi font li glouton,	Ains qu'il l'ait desservi,
Car en parlers publiques	Trop est merancoliques,
Mal du prestre dit on	Felon et estourdi,
Qui blasme ses reliques.	Qui blasme ses reliques.

ob hier noch beide Fälle, $E=A$ und $E=C$, möglich
sind, oder ob hier nur einer derselben in Betracht
kommt. Von vorn herein wären doch auch hier beide
Fälle für möglich zu halten. In Erwägung dessen jedoch,
dass in den Rondeaux dieser Nebenart die formellen Beziehungen zwischen E und C loser geworden sind, möchte
man sich allein für $E=A$ entscheiden. Schliesslich aber
müssen wir auch berücksichtigen, dass diese Rondeaux
uns nur im Dichterkreise des Charles d'Orléans begegnet
sind, vielleicht nur hier gepflegt wurden, und dass in
den Formen der gewöhnlichen Art bei Charles d'Orléans
E allein $= C$ ist. Es wäre dann eine Abweichung von
der Regel, wenn in dieser Nebenart $E=A$ sein sollte.

Zweiter Abschnitt.

**Zusammensetzung der für die Form der Rondeaux grund-
legenden Versgruppen (A und B) aus den einzelnen Versen
sowie ihre Beziehungen zu einander.**

Die beiden ersten Versgruppen der Rondeaux finden
sich bei Machaut, Froissart, Deschamps und Charles
d'Orléans, soweit mir ihre Dichtungen vorlagen, in folgen-
der Weise zusammengesetzt:

A hault ou à bas ton	Ainsi font li glouton
Deussiez crier aimi!	De rudesse endurcy,
J'ay fait de mon cuer don,	S'on ne leur fait le don
Comme loyal ami,	Du tresor de mercy.
Par amours, et se di	Vous faites tout ainsi,
Qu'il n'est pas autentiques;	Car en parlers publiques
Je suis le clerc failli	Vous ressemblez celi
Qui blasme ses reliques.	Qui blasme ses reliques.

Man sieht sonst keinen Grund, warum hier und in
allen andern Fällen gerade der zweite Vers des Rondeau zum
Refrain und letzten Verse der Ballade gewählt sein sollte.

a) Wenn A aus zwei Versen besteht, wiederholt B der Form nach und im Versausgange auch dem Laute nach den ersten Vers von A.

b) Wenn A aus drei Versen besteht, wiederholt B der Form nach und im Versausgange auch dem Laute nach den ersten Vers von A.

c) Wenn A aus drei Versen besteht, wiederholt B der Form nach und in den Versausgängen auch dem Laute nach die zwei ersten Verse von A.

d) Wenn A aus vier Versen besteht, wiederholt B der Form nach und in den Versausgängen auch dem Laute nach die zwei ersten Verse von A.

e) Wenn A aus fünf Versen besteht, wiederholt B der Form nach und in den Versausgängen auch dem Laute nach die drei ersten Verse von A.

f) Wenn A aus sieben Versen besteht, wiederholt B der Form nach und in den Versausgängen auch dem Laute nach die vier ersten Verse von A.

[Die Form A zu vier Versen, B zu einem, wie sie nach Coussemaker Nro. I und Nro. VII der Rondeaux von Adam de la Halle aufweisen, scheint also im 14. Jahrhundert ausser Gebrauch gekommen; vergl. dazu auch L. Müller: Das Rondel etc. (S. 26(2))].

Die oben erwähnte Nebenart zeigt uns die Fälle d und e und noch zwei weitere Fälle:

g) Wenn A sich aus fünf Versen zusammensetzt, besteht B aus zwei Versen.

h) Wenn A sich aus sieben Versen zusammensetzt, besteht B aus drei Versen.

Wenn uns auch keine Belege für entsprechende Formen der gewöhnlichen Art erhalten sein sollten, so könnten doch solche Formen unter den oben aufgezählten gar nicht auffallen. Man betrachte nur folgende Anordnung und Gruppierung der einzelnen Fälle:

I.

A besteht aus 2 Versen, B aus 1 Verse.

A „ „ 4 „ , B „ 2 Versen.

II.

A besteht aus 3 Versen, B aus 1 Verse.

A „ „ 5 „ , B „ 2 Versen.

A „ „ 7 „ , B „ 3 „

III.

A besteht aus 3 Versen, B aus 2 Versen.

A „ „ 5 „ , B „ 3 „

A „ „ 7 „ , B „ 4 „

Diese Formen finden sich nun nicht bei allen Dichtern gleichmässig angewandt. In Machauts Voir-Dit und bei Froissart finden sich nur die drei ersten; bei Deschamps, soweit die Veröffentlichungen von Crapelet und Hilaire gehen, auch noch die Formen d und e. Die übrigen fallen sämtlich erst in die Zeit des Charles d'Orléans. In den Ausgaben der Poésies de Charles d'Orléans fehlt die erste Form schon ganz[1]), b und c kommen nur noch vereinzelt vor, die Formen d und e sind am meisten im Gebrauch, d zeigt sich am häufigsten. Jean und Clément Marot wenden vornehmlichst die Formen d und e an, mit Vorliebe aber e.

Man wird leicht bemerken, wie nach und nach die Formen der Rondeaux gewachsen sind.

---

1) Die Passion d'Arnoul Gréban, éd. G. Paris et G. Raynaud, weist noch zahlreich derartige Formen auf; vgl. L. Müller a. a. O. S. 13.

Dritter Abschnitt.

Die einzelnen Verse der Rondeaux.

a) Versarten.

In Bezug auf die Wahl der Versarten ist für die
Rondeaux, im Vergleich zu den andern Dichtungsarten
jener Zeit, nur der Umstand bemerkenswert, dass die
Rondeaux, wo sie noch ihre alte Verwendung haben, das
lebhafte siebensilbige (eventuell auch noch das fünfsilbige)
Versmass vor allen anderen bevorzugen.

Im ganzen gilt für den oben bezeichneten Zeit-
raum die Regel, dass in einem einzelnen Rondeau nur
eine Versart (meist in ihren beiden Unterarten, dem
betreffenden männlichen und weiblichen Verse) angewandt wird. Bei Froissart und, wie es scheint, auch
bei Deschamps ist dieses unverletzte Regel. Doch finden
am Anfang und Ende dieser Periode Ausnahmen statt:
Im 13. Jahrhundert scheint noch die Zahl derjenigen
Rondeaux, in welchen zwei Versarten vereinigt vorkommen, zu überwiegen[1]), und so findet sich auch noch
im Voir-Dit bei Machaut ein solcher Fall; vergl. S. 29
der Ausgabe der société des bibliophiles. [Weitere derartige Fälle finden sich in den Miracles de Nostre Dame
(éd. G. Paris et U. Robert, Paris 1876—1881); vergl.
L. Müller: Das Rondel etc. S. 11/12.] Der Gebrauch,
zwei Versarten in einer Form zu verbinden, scheint sich,
sobald die ausgebildeten Formen der Virelais neben den
Rondeaux auftreten, allein auf jene beschränkt zu haben
Als aber die Virelais im Aussterben begriffen waren,

---

1) Vgl die Rondeaux von Adam de la Halle und
Guillaume d'Amiens, auch die bezüglichen Lieder im Cleomades, Chast. de Coucy, etc. [Nro. XV der Rondeaux von Adam
de la Halle, das noch Coussemaker drei Versarten aufweist,
ist von diesem nur falsch abgesetzt; Nro. IX dürfte nur eine
Versart aufgewiesen haben.]

zur Zeit des Charles d'Orléans, tritt diese Eigentümlichkeit auch wieder bei den Rondeaux auf. In der
Ausgabe der Poésie de Charles d'Orléans von Guichard
finden sich zehn solcher Fälle[1)]: Hauptsächlich scheint
gemischtes Versmass in den am meisten ausgedehnten
Formen angewandt. In sämtlichen Rondeaux, in denen
A aus sieben Versen besteht, also in jenen, die der Ausdehnung nach die einfachen Formen der Virelais er-
reichten, ist dieser Wechsel des Versmasses beobachtet.
Die Rondeaux des 16. Jahrhunderts weisen immer nur
ein Versmass auf, abgesehen natürlich von den Refrains,
welche gewöhnlich die 3 oder 4 ersten Silben des ersten
Verses wiederholen.

b. Versausgänge.

Für die von uns in nähere Betrachtung genommene
Zeit scheint es unverletzte Regel zu sein, im gewöhnlichen
Rondeau zwei von einander verschiedene Reime anzuwenden,
während sich im 13. Jahrhundert gar nicht so selten
Formen finden, in denen alle Verse denselben Ausgang
haben[2)]. Die Nebenart der Rondeaux hat für die Versgruppen B und C (die hier stets aus einigen Versen
zusammengesetzt sind) noch zwei weitere Reime, welche
von denjenigen der andern Versgruppen unabhängig sind.

Es wird sich leicht feststellen lassen, dass in den
Rondeaux der Wechsel von männlichem und weiblichem

[1) S. 279, 280, 288/9, 301/2, 380, 408, 409, 410, 411, 411/2.]

[2) Auch gestaltete sich im 13. Jahrhundert die Regel
insofern noch freier, als sich, selbst abgesehen von den Grundformen der Virelais, noch Rondeaux mit drei verschiedenen
Versausgängen finden; vgl. Nro. V der Rondeaux von Adam de
la Halle. Vielleicht thut man aber besser, dergleichen Beispiele nicht zu den Rondeaux im engeren Sinne zu stellen,
sondern als Zwischenformen zwischen diesen und den Grundformen der Virelais zu fassen.]

Versausgange bevorzugt ist; so haben unter den 115 Rondeaux Froissarts 5 in beiden Versausgängen weibliches
Geschlecht, 30 in beiden Versausgängen männliches Geschlecht, in den übrigen wechselt das Geschlecht der
Versausgänge.[1]) Diese Mischung von männlichen und
weiblichen Versausgängen ist aber keineswegs eine Eigentümlichkeit der Rondeaux, sondern scheint überhaupt,
wenigstens bei den bessern Dichtern jener Zeit, als
schöner gegolten zu haben (vgl. Max Banner: Über
den regelmässigen Wechsel männlicher und weiblicher
Reime in der französischen Dichtung, Stengels Ausg.
und Abh. XIV, Marburg 1884). In diesem Sinne spricht
sich schon Deschamps, L'Art de dictier et de faire chansons[2]) etc. in dem Teile, der den Balladen geweiht ist,
aus; vgl. Crapelet, Poésies m. et h. d'Eust. Deschamps,
p. 270: Et se doit on tousjours garder, en faisant balade
pui puet, que les vers ne soient pas de mesme piez,
mais doivent estre de neuf ou de dix, de sept ou de
huit ou de neuf, selon ce qu'il plaist au faiseur sanz
les faire touz égaulx, car la balade n'en est pas si plai-
sans ne de si bonne façon. Die dazu gehörigen Beispiele weisen Balladen auf, deren Verse bei gemischten
männlichen und weiblichen Versausgängen eine metrisch

---

1) Untersucht man, um das natürliche Verhältnis zwischen
weiblichem und männlichem Wortausgange im Französischen
der damaligen Zeit zu ermitteln, einen beliebigen französischen
Text aus jener Zeit, so wird man finden, dass die Annahme
des Verhältnisses 1:2 zu günstig für die weiblichen Ausgänge
ist, während es sich aus den Reimen jener 115 Rondeaux
Froissarts (unter Berücksichtigung aller besonderen Umstände)
ergeben würde, dass man den weiblichen Ausgängen mit diesem
Zahlenverhältnis noch lange nicht gerecht wird.

2) Am Schluss dieser Poetik heisst es: Ce fu fait le 25e.
jour de novembre l'an de grace Nostre Seigneur mil CCCLXXX
et douze.

konstante Siebenzahl haben. Wenn darum Banner meint,
dass auch Deschamps kein Gesetz oder auch nur eine
Bemerkung über den Geschlechtswechsel im Reime gegeben (vgl. a. a. O. S. 23, dazu S. 21), so dürfte das
auf Grund der obigen Stelle der Poetik Deschamps doch
etwas zu berichtigen sein. Nicht viel anders, nur deut-
licher, drückt sich, allerdings schon ausserhalb unseres
Zeitraumes, Ronsard aus, der als Erfinder dieser Regel
angesehen wurde (vgl. Banner S. 33/4) im ersten Abschnitt seines Abrégé de l'art poetique: . . . à l'imitation
de quelqu'un de ce temps tu feras tes vers masculins,
et foeminins tant qu'il te sera possible, pour estre plus
propres à la Musique et accord des instrumens, ...
Si de fortune tu as composé les deux premiers vers
masculins, tu feras les deux autres foeminins, et para-
cheveras de mesme mesure le reste de ton Elegie ou
Chanson, à fin que les musiciens les puissent plus facile-
ment accorder.

**Am Schlusse dieses Kapitels mögen noch einige
Notizen über das rondeau double und das Geleit bei
den Rondeaux eine Stelle finden.**

1. Wie wir neben der gewöhnlichen Ballade auch
vereinzelt die ballade double (z. B. bei Charles d'Orléans,
Villon, etc.) finden, einmal auch einen lai double (Deschamps), so haben wir neben dem „rondel sangle" auch
das rondel double. Deschamps und Charles d'Orléans,
bei denen sich z. B. Belege von rondeaux doubles finden,
scheinen, abweichend von einander, unter diesem Namen
verschiedene Formen verstanden zu haben. Deschamps
giebt in seinem Art de dictier statt einer Besprechung
der Rondeaux zwei Beispiele eines rondel „sangle" und
ein rondel double. Abgesehen davon, dass der Schreiber

im rondel double den ersten Refrain nicht andeutet, unterscheiden sich diese beiden Arten der Form nach nur dadurch von einander, dass die letztere noch einmal so umfangreiche Versgruppen hat als die erstere: Im „rondel sangle" besteht A aus zwei, B aus einem Verse, im rondel double A aus vier, B aus zwei Versen. Bei Charles d'Orléans finden sich zwei Rondeaux, S. 304 und 333 bei Guichard, die sich von den andern durch die Eigentümlichkeit unterscheiden, dass sie das Mass der gewöhnlichen Formen ABCDE in der Weise überschreiten, dass sich an E noch ein zweites BCDE anschliesst. Das erste dieser beiden Gedichte ist mit rondel double überschrieben.

2. Ein Geleit von vier Versen in derselben Versart wie das vorhergehende Rondeau aber mit zwei neuen Reimen haben drei Rondeaux bei Charles d'Orléans, in der Ausgabe von Guichard S. 259/60, 424, 424/5.

Zweites Kapitel.

Form der Virelais.[1])

Erster Abschnitt.

Zusammensetzung der Virelais aus den einzelnen Versgruppen.

Machaut beginnt einen Virelai (in seinem Voir-Dit) mit einer kleineren Versgruppe (W); ihr folgen drei grössere Versgruppen (A, B, C), die mit einander gleiche

---

1) So nachlässig und konfus auch die Ausführungen über die Virelais in dem Art de dictier des Eust. Deschamps demjenigen scheinen mögen, der keine eigenen Untersuchungen über diese Formen gemacht hat, so waren sie mir doch ein Prüfstein für die Richtigkeit der Resultate meiner Unter-

Form und gleiches Reimsystem haben. Diese grösseren Versgruppen zerfallen wiederum in je vier kleinere (D, E, F, G), von denen die vierte als Refrain die den Virelai beginnende Versgruppe W wiederholt. D und E sind sich der Form und den Versausgängen nach gleich, ebenso F und G. (D, welches dem ersten Stollen des Aufgesanges der gegliederten Kanzone entsprechen würde, nennt Deschamps l'ouvert; E, welches dem zweiten Stollen des Aufgesanges etc. entsprechen würde, nennt er le clos.) Das Formschema Machauts kann man sich also folgendermassen vorstellen: $\underbrace{\text{W}\overbrace{\text{DDWW}}^{A}\overbrace{\text{DDWW}}^{B}}$

$\underbrace{\text{DDWW}}_{C}$. Bei Froissart fehlt in der Regel die letzte grössere Versgruppe, C; nur einmal, Esp. am. 3081 ff. [also noch in der Jugendzeit des Dichters] findet sie sich.[1]) Deschamps spricht in seiner Poetik noch von

---

suchungen, wenn durch eine Nebeneinanderstellung beider der Sinn der ersteren völlig klar gelegt wurde. Die wesentlichen hier in Betracht kommenden Stellen jener Poetik sind folgende: S. 265 der Ausgabe des Deschamps von Carpelet:... la chanson baladee de trois vers doubles a tousjours, par difference des balades, son refrain et rebriche au commencement; und S. 274/5 ebendaselbst:.. s'ensuit l'ordre de faire chansons baladees, que l'en appelle Virelais, lesquelz doivent avoir trois couples comme une balade, chascune couple de deux vers et la tierce semblable au refrain..... Et est assavoir que virelais se font de pluseurs manieres, dont le refrain a aucune fois quatre vers, aucune fois cinq, aucune fois sept, et est la plus longue forme qu'il doye avoir; et les deux vers apres, le clos et l'ouvert, doivent estre de trois vers ou de deux et demi brisiez aucune fois et aucune foiz non. Et le ver apres doit estre d'autant et de pareille rime comme le refrain.

1) Als Beispiel für die Form der Virelais mag der unbeendete Virelai in Froissarts Esp. am. 2435 ff. folgen:

trois vers, trois couples, aber unter drei, dem Anscheine nach vollständigen, mir von ihm vorliegenden einfachen Virelais (zwei bei Crapelet, einer bei Bartsch) findet sich nur ein solcher Fall. Die Froissartsche Regel könnte also auch bei ihm vorherrschen. In den wenigen Belegen dieser Dichtungsart bei Charles d'Orléans ist diese Froissartsche Regel unverletzt geblieben; sie haben jedoch die weitere Eigentümlichkeit, dass sich die Versgruppen D_A und E_A mit D_B und E_B nur noch der Form nach decken, nicht mehr dem Reime nach.

Es fragt sich, ob nicht schon Machaut den Virelai der Form nach als beendet ansah, wenn ihm eine Versgruppe C fehlte. In seinem Voir-Dit finden sich 3 Vire-

Au departir de vous, ma dame,		
Le coer ne scet se le cors part,		
Car tous jours tire à vous, par m'ame;	W.	
Par le grant desir qui m'enflame		
Pour vostre amour bruïst et art.		
Mes je vous lais, ma dame chiere;		
Tenes ma foi, m'amour entiere	D.	
Sans departir;		
Or le prendes à lie chiere,		
Car vous en estes droituriere	$E = D.$	
Dou pourveïr.		
Mon corps se part, le coer se pasme;		
Car vo vair oeil, qui sont droit dart,		
L'ont si attaint que, sans la flame	$F = (G =) W.$	
Qui nuit et jour l'art et enflame,		
N'aurai sejour tempre ne tart.		
Au departir de vous, ma dame,		
Le coer ne scet se le cors part,		
Car tous jours tire à vous, par m'ame;	$G = W = F.$	
Par le grant desir qui m'enflame,		
Pour vostre amour bruïst et art.		

A.

Beendet wäre er bei Froissart, wenn auf A noch B, bei Machaut auch noch C folgen würde.

lais, die nicht die volle Form WABC haben, S. 49, 78,
343, die aber auch als unvollständig anzusehen sind.
Sie werden sämtlich der Autorschaft seiner Dame zugewiesen. Die beiden ersten haben die Form WA — vgl.
in Bezug auf den ersten Virelai S. 58: Je n'en ay encores fait que une couple — der dritte hat die Form
WAB — vgl. S. 344:

> Helas! la douce debonnaire,
> Le tiers ver ne pot onques faire,
> Tant estoit lasse et adolee, . . .

Machaut verlangt also zum vollen Virelai noch die Versgruppe C. — Bei Froissart finden sich zwei Virelais mit
der Form WA. Auch sie werden vom Dichter selbst
als unvollständig bezeichnet: vgl. in Bezug auf den
ersten Esp. am. 2451:

> Dou virelai lors plus ne fis;
> Dont je croi que je me meffis,
> Car encor y deüst avoir
> Dou mains un ver, au dire voir;

in Bezug auf den zweiten schreibt derjenige, der ihn gemacht haben soll, Pris. am. S. 341: je vous envoie d'un
virelay che que j'en ai fait. Zwei solcher vers gehörten
also bei ihm mindestens zum vollen Virelai; den Virelai
mit der Form WABC nennt er Esp. am. 3079 „tout
ample“.

Bemerkungen über die Ausdehnung der
Refrains in den Virelais. In allen mir vorliegenden Beispielen ist der Refrain der Virelais, soweit ich
die Sache zu überschauen vermag, in den Handschriften abgekürzt wiedergegeben und von den Herausgebern, die sich dazu berufen fühlten, die Handschriften in diesem Punkte zu ergänzen, in verschiedener Weise behandelt, aber wohl kaum von einem in

richtiger Weise. Deschamps lässt nun in seiner Poetik keinen Zweifel über die Ausdehnung des Refrain (vgl. oben S. 35). Der dritte Vers einer Couple (F), der mit dem Refrain gleichen Bau haben soll, ist der Form nach immer gleich der vollen an der Spitze des Virelai stehenden Versgruppe (W). Auch konnte bei ihm nur darum die verwirrende Bezeichnung der ersten Versgruppe mit „Refrain" eintreten, weil W eben als Refrain des Liedes benutzt wird. Wenn also z. B. Lubarsch, Frz. Vsl. S. 391, sagt: „Im vierzehnten Jahrhundert hat das Virelai zuweilen nur einen Vers als Refrain und dabei gerade auf Deschamps verweist, so dürfte das im ganzen wohl nichts mehr als eine „frisch gewagte" Behauptung sein.

Zweiter Abschnitt.

Zusammensetzung der für die Form der Virelais grundlegenden Versgruppen (W und D) aus den einzelnen Versen sowie ihre Beziehungen zu einander.

Die Versgruppe W setzt sich bei Machaut aus vier, fünf, sechs oder sieben Versen zusammen. Bei Froissart findet sich kein Beleg für den letzten Fall. Unter den wenigen bis jetzt veröffentlichten Virelais von Deschamps: in der Auswahl von Crapelet, der Ausgabe von Hilaire bis zum dritten Bande und einem weiteren Beleg in der Chrest. von Bartsch (S. 414 ff. der vierten Ausgabe) findet sich, wenn auch in der betreffenden, oben (S. 35) angeführten Stelle seiner Poetik aucune fois six nicht dasteht, doch wohl nur zufällig kein Beispiel, in dem W aus sechs Versen besteht. In den vier Belegen dieser Dichtungsart bei Charles d'Orléans zählt W dreimal vier, einmal fünf Verse.

Die Versgruppe D setzt sich in den Virelais des
Voir-Dit von Machaut stets aus drei Versen zusammen.
Dasselbe geschieht in den oben angegebenen Belegen
aus Deschamps (doch lässt sein Art de dictier (vgl. oben
S. 35) unsere Versgruppe auch bloss aus zwei Versen
zusammengesetzt werden). Bei Froissart besteht D aus
zwei oder drei Versen, einmal sogar, Buisson etc. 4376 ff.,
aus vier Versen. In den Virelais bei Charles d'Orléans
zählt D nur zwei Verse.

Eine besondere Vorschrift über die Abhängigkeit
von W und D, was ihre Verszahl anbetrifft, scheint
nicht gerade bestanden zu haben. Ganz natürlich dürfte
es sich ergeben haben, wenn in jenen Fällen, in denen
D nur zwei Verse zählt, auch W im allgemeinen einen
verhältnismässig geringen Umfang hat, also von vier
oder fünf Versen, oder wenn im letzten Falle: W zu
fünf Versen, keiner der beiden Verse von D gebrochen
ist, ebenso wenn in den Fällen: W zu vier und D zu
drei Versen, meistens einer oder auch zwei Verse von
D gebrochen sind[1]), etc. Auch war es bei den Virelais
nicht nötig, dass die zweite Versgruppe der Form nach
den ersten Teil der ersten Versgruppe wiederholte, wie
wir das bei den Rondeaux sahen; doch finden sich mehrfach dergleichen Fälle, welche teils sich wohl nur zufällig
ergeben haben, teils aber auch, etwa aus Rücksicht auf
eine einfachere Melodie des ganzen Liedes, beabsichtigt
gewesen sein mögen.

---

1) Eine Ausnahme hiervon wäre z. B. das dritte Beispiel eines Virelai in der Poetik des Deschamps (vom confusen
Schreiber, der die Abschnitte über die serventois und chansons
balladées nicht trennt, noch mit Serventoys überschrieben).

Dritter Abschnitt.

Die einzelnen Verse der Virelais.

a) Versarten.

Während es in den Rondeaux des oben bezeichneten Zeitraums Regel war, in jedem einzelnen Falle
nur eine Versart (meist in ihren beiden Unterarten) zu
verwenden, begnügte man sich damit bei den Virelais
schon seltener. So finden sich unter den neun Virelais
im Voir-Dit von Machaut nur drei solcher Fälle, unter
den 29 Virelais Froissarts nur vier etc. Meistens findet
man zwei Versarten (ev. mit ihren beiden Unterarten)
in einem Virelai mit einander verbunden, wobei man
drei Fälle unterscheiden kann:

1. Zur Bildung von W werden zwei Versarten ver-
    wandt, zu der von D dieselben;
2. zur Bildung von W werden zwei Versarten ver-
    wandt, zu der von D nur eine derselben;
3. zur Bildung von W wird nur eine Versart ver-
    wandt, zu der von D diese und noch eine weitere.

Vereinzelter kommen auch Belege vor, in denen drei
Versarten angewandt sind (bei Froissart drei Fälle, Pris.
am. V. 295 ff., Buisson etc. V. 563 ff., Mois de May
V. 439 ff.), doch finden sich diese drei Versarten nicht
in einer unserer beiden Versgruppen (W und D) vereint,
auch nicht so, dass eine jener Versgruppen nur eine
Versart, die andere die beiden andern aufwiese, sondern
eine Versart (in den mir vorliegenden Fällen die siebensilbige) bleibt beiden Versgruppen gemeinsam, die beiden
andern (drei-, vier- oder fünfsilbige Verse) verteilen sich
auf je eine derselben.

Was die Wahl der Versarten für diese Dichtungsart anbetrifft, so scheint sich hier noch eine entschie-
denere Vorliebe für den siebensilbigen Vers bemerklich

zu machen, als man sie bei den Rondeaux sehen kann.
Verbunden wird derselbe gern mit dem drei-, vier- oder
fünfsilbigen Verse. Erst als sich die Virelais von ihrer
ursprünglichen Verwendung (vgl. weiter unten Teil II)
mehr und mehr entfernten, konnten die in der damaligen höfischen Poesie mehr beliebten acht- und zehnsilbigen Verse auch in dieser Dichtungsart eine weiter-
gehende Verwendung finden. Der achtsilbige Vers kommt,
obgleich ungleich seltener als der siebensilbige, schon in
den rondeaux und ballettes des 13. Jahrhunderts vor;
aber nur ganz vereinzelt scheint in ihnen der zehnsilbige
Vers aufzutreten. In den chansons balladées des Voir-
Dit findet sich der achtsilbige Vers in zwei Fällen (nach
demselben Formschema) in beiden Unterarten allein angewandt, in den Virelais Froissarts viermal und zwar
immer in Verbindung mit viersilbigen Versen. Den
zehnsilbigen Vers finde ich in dieser Dichtungsart erst
bei Deschamps und Charles d'Orléans.

b) Versausgänge.

Sowohl in der Versgruppe W wie in D finden sich
in der Regel zwei (dem Laute nach) verschiedene Versausgänge. Eine Ausnahme begegnet in Nr. XIII der
Sammlung Froissartscher Virelais, wo die Verse von D
nur einen bestimmten Ausgang haben. — Bei Machaut
können in Bezug auf die lautliche Verschiedenheit der
Versausgänge in den beiden Versgruppen W und D
drei Fälle eintreten: Entweder sind diejenigen von D
dieselben wie die von W, oder nur einer von jenen
findet sich in diesen wieder, oder aber D und W stim-
men in keinem Versausgange (dem Laute nach) mit
einander überein. Bei Froissart kommt nur der erste
und letzte Fall vor. Derselbe bevorzugt aber entschieden
Unabhängigkeit in betreff der Versausgänge von W und

D von einander — nur zweimal (Buisson etc. V. 2534 ff. und V. 4048 ff.) findet sich bei ihm der Fall, dass sie dieselben sind —, während in den mir vorliegenden Proben dieser Dichtungsart von Deschamps (abgesehen von jenem Liede, bei Crapelet S. 86 ff., auf das wir noch zurückkommen, bleiben noch sieben) durchgehend D nicht andere Versausgänge aufweist, als sie uns schon in W begegneten. Charles d'Orléans, der auch in dieser Beziehung Froissart noch am nächsten steht, geht, wie schon oben bemerkt, insofern noch weiter, als bei ihm die Systeme der Versausgänge von D_A und D_B nur noch dem Geschlechte nach mit einander übereinstimmen, nicht aber mehr dem Laute nach.

Am Schlusse dieses Kapitels noch einiges über den virelai double.

Wie es rondeaux-, ballades-, lais-doubles gegeben, so könnte man auch virelais doubles erwarten; doch fehlt es mir für dieselben an sicheren Belegen. Es wäre vielleicht möglich, ein Lied, welches Deschamps zugeschrieben wird, bei Crapelet S. 86—88, das der Schreiber virelai nennt, der Dichter im Liede selbst chansonnelle, als virelai double (W — vier, D — zwei Verse; aber D und E entsprechen sich nicht den Versausgängen nach) anzusehen; allein es empfiehlt sich wohl mehr, dieses Lied als Ballette aufzufassen [wie dergleichen Lieder noch aus einer Handschrift des 15. Jahrhunderts (vgl. oben S. 14/15, Anm.) überliefert sind]. Auch dürfte es naheliegen, die Verfasserschaft dieses Liedes seines zu sinnlichen Inhalts wegen dem moralpredigenden Deschamps abzusprechen.

Zweiter Teil.

Die den Rondeaux und Virelais eigentümliche Verwendung für Zwecke der geselligen Unterhaltung.

Erstes Kapitel.

Rondeaux und Virelais als Karole-Lieder.

Die vornehmlichste Verwendung, welche sie von allen andern Dichtungsarten absondert, und welche mit aller Wahrscheinlichkeit als ihre ursprünglichste anzusehen ist, finden die Rondeaux und Virelais als Karole-Lieder.

Ein allgemeines Bild von der Karole,[1] wie sie in den aristokratischen Kreisen Nordfrankreichs im 13., 14. und bis ins 15. Jahrhundert hinein üblich war, mag der folgende Abriss geben:

---

1) Die wesentlichsten Züge derselben sind schon von Wolf: Lais, Anm. 18, angegeben; doch scheinen seine Belege nicht überzeugt zu haben; sonst hätte auch Diez in seinem Wtb. das nunmehr von Förster: Ztschr. f. rom. Phil. IV, 109/10 als richtig aufgestellte Stammwort nicht abgewiesen.

Mit dem Hauptzweck unserer Arbeit liess sich hier leicht noch besonders die Nebenabsicht verbinden, darzuthun, wie sich unsere Lieder von der (vermutlichen) Grundlage, auf der sie emporwuchsen, allmählich entfernten. Es soll jedoch, da es sich leicht ergänzen lässt, nicht weiter verfolgt und ausgeführt werden, wie sie sich schliesslich von derselben vollständig losen und nur als eigentümliche Formen bestimmter Dichtungsarten übrigbleiben, die, an sich genommen, ohne Rückblick auf die Verhältnisse, aus denen sie hervorgingen, schwer zu erklären sind und auch oft genug missverstanden

Neben der danse und sonstigen „esbatemens“ verwandter Art nimmt die Karole eine Hauptstelle unter den geselligen Vergnügungen jener Zeit ein.[1]) Die Karolelustigen, Männer und Frauen, reichten sich zunächst die Hände[2]) und bildeten einen Kreis.[3]) Eine besondere Ordnung in der Aufstellung, etwa durch regelmässige Abwechselung und Aufeinanderfolge von männlichen und weiblichen Personen, brauchte nicht

---

sind. Bei den Rondeaux und Virelais dürfte diese Entwickelung von Grund auf ziemlich deutlich und anschaulich vor Augen liegen. Bei andern Liederarten, die einen verwandten Ursprung haben, ist das Material, das zu einer ähnlichen Schilderung nötig wäre, nicht so reichlich erhalten; auch vollzieht sich der Übergang bei ihnen nicht so allmählich. Besonders jener Nebenabsicht wegen genügte es mir nicht, hier allein auf die kurzen Notizen bei Wolf zu verweisen.

1) Verschiedene hierhergehörige Belege findet man bei Godefroi: Dict., unter den Artikeln carole und caroler; so fehlt die Karole auf keiner grösseren Festlichkeit im Chast. de Coucy (vgl. V. 990, 3867, 5466); vgl. auch Froissart, Espinette am. 28, 1337, Prison am. 343—404, Buisson de Jonece 1744, 2434, etc.

2) Vgl. Chast. de Coucy 2865 ff, Froissart, Pris. am. 362/3, 403, etc.; vgl. auch unten S. 46, Anm. 1.

3) Vgl. Roman de la Rose 763 ff:
    763 Lors vëissies carole aler,...
    779 Deus damoiseles moult mignotes,
        Qui estoient en pures cotes
        Et trecies à une tresce,
        Faisoient Deduit par noblesce
        En mi la carole baler.

Die auf der Hand liegende Erklärung ist die, dass sich die beiden Damen mit Deduit inmitten eines Kreises befinden. Bei dem von Palaye oder Godefroi, Dict., zum Artikel carole gegebenen Citat aus Perceforest: Ilz trouverent une moult belle fontaine environnee de dames et de damoiselles caroloyans, könnte, wenn man es allein für sich nimmt, unwill-

beobachtet zu werden.[1]) Ganz von selbst ergab es sich aber — und das darf gar nicht Wunder nehmen, — wenn jede amie, sobald es nur öffentlich geschehen

---

kürlich etwas der Gedanke stören, dass darum nicht jede Karole in ähnlicher Weise arrangiert zu sein brauchte. Wenn man Froissart, Past. XI, 76 ff. anführt:

> En carollant tout autour vont
> De la fontaine, et au rëont
> Il dient tout: etc;

so ist dabei besonders zu berücksichtigen, dass es sich dort um eine Karole in Volkskreisen handelt, die man besser von derjenigen der höfischen Kreise scheidet (vgl. weiter unten S. 50 Anm. 2, und S. 52). Mit mehr Nachdruck wie die beiden letzten Belege spricht für die kreisförmige Aufstellung der Karolierenden der Umstand, dass die weiteren Bedeutungen des Worts carole im Afrz. (vgl. den umfangreichen Artikel bei Godefroi) zumeist die Vorstellung eines Kreises in sich schliessen.

1) Unmöglich wäre das auch gewesen, wenn sich an einer Karole nur Damen beteiligen, wie z. B. gemäss einem längeren Citat bei Wolf: Lais, Anm. 18, eine solche von Jacques Bretex V. 8086 ff. geschildert zu sein scheint:

> Les dames main à main se tiennent,
> Et tout ainsi comme elles viennent,
> Se prent chascune à sa conpaigne,
> Ne nus hons ne s'i acompaigne...

(als entscheidend kann nur der letzte Vers angesehen werden, nicht der erste, da es verschiedentlich begegnet, dass die Ritter neben den Damen gar nicht der Erwähnung wert gefunden werden, sondern nur als selbstverständliche Gefolgschaft derselben angesehen werden, so z. B. Froissart, Pris. am. 402, 409, Buisson 2437, etc), oder wenn z. B. an jenen Karolen, die in Boccaccios Decameron geschildert sind, und die sich in der fraglichen Beziehung wohl nicht zu weit von der französischen entfernt haben werden, weit mehr Damen als Herren teilnehmen. (Am Abend des sechsten Tages finden wir auch die Damen allein vor der Rückkehr der Herren aus dem Bade sich in einer Karole ergehen.)

konnte, ihren ami neben sich hatte.[1]) Einer der Teilnehmer begann sodann[2]) ein Rondeau oder einen virelai[3])
und der ganze Kreis sich in Bewegung zu setzen. Was
zunächst den Vortrag der Karole-Lieder betrifft, so wurden sie dem Hauptteil nach gewöhnlich von je einem

---

1) Vgl. die Beschreibung der Teilnehmer an der Karole
im Roman de la Rose, die V. 827 mit dem Bilde Deduits beginnt:... (857) s'amie Leesce... Deduit la tint parmi le doi
à la carole et ele lui... A li se tint de l'autre part li Diex
d'Amors... (1017) Li Diex d'Amors se fu bien pris à une
dame de haut pris, et delez lui iert ajoustez: Icelle dame ot
non Biautes... (1051) Pres de Biaute se tint Richece, une
dame de grant hautece... (1145) Richece tint parmi la main
ung valet de grant biaute plain, qui fu ses amis veritiez...
Apres refus Largece assise... (1211) Largece tint ung cheva-
lier, etc, etc. Die weitere Aufzählung geschieht in regel-
mässiger Aufeinanderfolge eines Herren nach seiner Dame. —
Vgl. auch die Aufstellung während der Karole im Renart le
Nouvel 2549 ff: Entre la Roïne et Hiersent (die Wölfin, neben
der Königin und Harouge, der Leopardin, von Renart am
meisten verehrt) tint Renars; li Rois ensement tint entre
Hiersent et Harouge (die Liebe des Königs zu Harouge aus-
führlicher geschildert in einem Abenteuer zärtlicher Art
V. 2684 ff.); et Cointeriaus tint à Harouge et à Emmain; et à
Dame Emme main à main tint li Lupars et à Boursee le sin-
gesse; et à Maskelee et à Blerain tenoit Bruians li tors, car
c'estoit lor amans; et li Bous i mena se kievre. A la carole
prist li Ras, il et Kenue li soris; grant tans a k'il ert ses amis.
Cantecler li cos i ala, od ses sis poules carola. Et Vrediaus
li papagais prist Mehaut l'agace, etc.

2) Im Renart le Nouvel singt der vornehmste Gast,
König Nobles, das erste Lied. — im Chast. de Coucy 3869 die
dame de Fayel, — in Froissarts Joli Buisson de Jonece —
Plaisance, etc.

3) Die bezüglichen im Chast. de Coucy vollständig
wiedergegebenen Lieder sind noch Rondeaux. Die Virelais
treten natürlich erst im 14. Jahrhundert auf. In den von
Froissart geschilderten Karolen (vornehmer Kreise) haben sie
die einfacheren Rondeaux etwas in den Hintergrund gedrängt;

vorgesungen, zuweilen auch einmal von zweien[1]) und möglicherweise auch noch von mehreren. An den Refrains aber wirkte der ganze Chor mit,[2]) welcher dadurch einen immerhin nicht unerheblichen Anteil am Vortrage gewann. Sobald ein Lied beendet war, durfte auch schon ein anderer ein neues Lied beginnen, oder es wurden auch einmal 2 Lieder nach einander von einem vorgetragen.[3]) Zwischenpausen brauchten dabei nicht einzutreten.[4]) Auch gab es keine besonderen Bestimmuu-

---

So finden sich in der Prison am. an der betreffenden Stelle neben dem allgemeinen Gattungsnamen canchon nur noch die Virelais besonders erwähnt. Im Buisson de Jonece, in dem die Karole-Lieder selbst aufgezeichnet sind, werden zur Abwechselung auch Rondeaux gesungen, im ganzen aber 7 Virelais und nur 3 Rondeaux; — vgl. 2656: Et pour ce qu'ou n'avoit encor Dit nul rondel ... Elle en dist un.

1) So in der Karole im Buisson de Jonece der dritte und sechste Virelai von je zwei Geschwistern.

2) Zu den von Wolf: a. a. O. gegebenen Belegstellen aus dem 13. Jahrhundert füge auch noch aus dem 14. Jahrhundert Froissart: Pris. am. 411, — dazu noch mehrere Stellen aus Boccaccio's Decamerone, so z. B. am Abend des zweiten Tages: . . . menando Emilia la carola, la seguente canzone da Pampinea, rispondendo l'altre, fu cantata; etc. [In der Bedeutung „am Refrain mitwirken", „den Refrain singen" findet sich gewöhnlich respondre, daher auch respos in den Leys d'amors als technischer Ausdruck für den Refrain nicht auffallen kann.]

3) So von Desir zwei Rondeaux in der Karole im Buisson de Jonece.

4) Vgl. Prison am. 417:

L'une apres l'autre sans detri
Chantoient si com par estri,

oder in Bezug auf eine andere Karole ebds. 405: quant chante li une avoit Un virelay, on ne savoit Encores s'il avoit fin pris, Quant uns autres estoit repris Ou de dame ou de damoiselle. Mitunter scheint sich aber auch mancher zum Vortrage etwas haben nötigen lassen, wie das z. B. aus der Schilderung der Karole im Buisson de Jonece erhellt.

gen über die Reihenfolge der Vortragenden; es folgte
weder Herr auf Dame, noch war es nötig, die Ordnung
in der Aufstellung beizubehalten,[1]) wenn auch das letztere
gewöhnlich der Fall gewesen sein dürfte. Da man sich
mitunter befleissigte möglichst neue Lieder zu singen[2])
— rühmlich war es, wenn sie von eigener Autorschaft
waren —, so mussten in solchem Falle die übrigen Teilnehmer der Karole schon in Anbetracht der ganzen
Komposition dieser Lieder, um wirksam am Refrain mitwirken zu können, gleich von Anfang an ihre Aufmerk-
samkeit zum grossen Teile allein dem Vortrage des Vor-
sängers zuwenden. — Was sodann die von einer
solchen Gesellschaft während des Sanges ausgeführten
Bewegungen betrifft, so scheinen sie (vielleicht auch der
letztangeführten Thatsache wegen mit) im ganzen ein-
facher Natur gewesen zu sein und beschränkten sich,
wie es den Anschein hat, der Hauptsache nach auf
blosses Herumgehen[3]) im Kreise, wahrscheinlich nach
dem Tempo des vorgetragenen Liedes.

---

1) So ist z. B. Renart le Nouvel die Reihenfolge der Vortragenden gegen diejenige der Aufstellung (s. S. 46, Anm. 1):
li Rois, la Roïne, Renars, dame Hersens, dame Harouge, etc.
Auch im Buisson de Jon. hält der Dichter die Hand seiner
Dame, vgl. 2446 ff., während dieselbe weder unmittelbar vor
ihm noch nach ihm etwas vorträgt.

2) Vgl. Pris. am. 410: Mainte canchon bonne et nouvelle
On y chanta et respondi oder Buisson de Jon. 2453, 2742 un
virelai nouvel. Überhaupt stellt Froissart die Sache zuweilen
so dar, was in einer Dichtung allerdings nicht Wunder nehmen
kann, als ob diese Lieder, auch die Virelais, erst während der
Karole gemacht wurden; vgl. a. letza. O. 2682, 2697 ff.

3) So heisst es Roman de la Rose 763: Lors vëissies
carole aller; darum wohl auch in einem Karole-Lied Renart
le N. 2580:

Vous n'ales mie tout ensi con je fas,
Ne vous, ne vous n'i saries aler, etc;

Spielleute hatten mit der eben geschilderten Karole
(Palaye, Dict., Art. carole, stellt sie in die Mitte des
Kreises) wohl nichts zu thun.[1]) Sie wären dabei im all-
gemeinen nicht bloss überflüssig gewesen, sondern hätten

so sagt Jacques Bretex (nach Wolf: Lais 186) in der Beschreibung einer Karole: Ainsi s'en vont faisant le tor(; vgl.
auch Froissart, Past. XI, 76: En carollant tout autour vont De
la fontaine, et ou rëont Il dient tout: etc). — In Anbetracht
der ganzen Umgebung musste es auch schon bei so einfachen
Bewegungen darauf ankommen, sich von seiner besten Seite
zu zeigen: vgl. Chast. de Coucy 3883:

> . . . , je croi c'on ne vit pieça
> Feste de caroller plus gente;
> Car chascuns avoit mis s'entente
> En lui contenir noblement
> Et bien caroller cointement, etc.,

oder Jacques Bretex (nach Wolf: Lais 185) 3088:

> Et karolent molt cointement
> Une karole si tres-noble, etc.;

hierzu vgl. auch das XII. Bild zum Roman de la Rose, nach
einer Ausgabe aus dem Ende des 15. Jahrhunderts abgedruckt
im fünften Bande der Ausgabe von Herluison (1880), das sich
allerdings wohl nur auf eine der Karole verwandte festliche
Vergnügung bezieht (V. 766). — Auf etwas mehr als blosses
Herumgehen im Kreise scheinen zwei Stellen aus dem 13. Jahrhundert zu deuten: Roman de la Rose 776 ff., wo es von der
karolierenden Dame Lïesce heisst:

> . . . n'estoit mie vilaine,
> Ains se savoit bien desbrisier,
> Ferir du pie et renvoisier,

und Jacques Bretex 2370 ff. (nach Wolf: Lais, Anm. 18):

> Escuyer saillent pour respondre
> Là où on chante les karoles,
> En fais, en dis et en paroles,
> En toute joie resbaudie.

1) Deutlich geht das hervor aus der Schilderung der
Festlichkeiten in der Prison am. 354:

> Là estoient li menestrel,
> Qui s'aquitoient bien et bel

sich wohl auch als störend und lästig erweisen müssen.[1])
Anders darf sich aber die Sache in den Karolen verhalten,
welche im gemeinen Volke gepflegt wurden[2]) oder in den

A piper, et tout de nouvel,
. . danses teles qu'il sceurent.
Et si trestost que cesse eurent
Les estampies qu'il batoient,
Chil et chelles qui s'esbatoient
Au danser, sans gaires atendre,
Commenchierent leurs mains à tendre
Pour caroler;

ebd. 398 : Cure n'avoient de sëoir,
       Mes de danser à l'estrivee;
       Et quant li menestrel cessoient,
       Les dames pas ne se lassoient,
       Ains caroloient main à main
       Tout le soir jusqu'à l'endemain.

1) In der franz. Litteratur begegneten mir dagegen keine
Beispiele; wohl aber heisst es Boccaccio, Decameron, Giorn. I,
Nov. 10: commandò la reina che una danza fosse presa, et
quella menando la Lauretta, Emilia cantasse una canzone, dal
leuto di Dioneo ajutata; und so lässt sich denken, dass Ähnliches auch in vornehmen franz. Kreisen in einzelnen Fällen
vorgekommen sein mag. Der Einwurf, dass es sich im vorliegenden Beispiel aus Boccaccio um eine danza handelt, hat
wenig Gewicht, besonders an dieser Stelle, wo der betreffenden
danza im folgenden alcune altre carolette zur Seite gestellt
werden; wie denn überhaupt bei Boccaccio die Worte danza
und carola durcheinandergeworfen werden, indem an mancher
Stelle mit danza der Gattungsbegriff, mit carola nur eine Art
derselben bezeichnet zu werden scheint, an mancher Stelle
sich aber wieder das umgekehrte Verhältnis findet.

2) Vgl das von Godefroi, Dict., unter dem Art. carole
angeführte Citat aus der Table d'Aloul:

C'est cil qui porte le tabor
Le dimenche à la carole;

damit wohl auch zusammenzustellen Bartsch: Rom. und
Past. II 30, 48 ff.:

italienischen Karolen, wie sie uns in Boccaccios Decameron geschildert werden.[1])

Was den Ort anbetrifft, an welchem die Karole stattfand, so wird sie im Roman de la Rose „sor l'erbe fresche" ausgeführt, in der Prison am. 346 ff.: Non pas en bos ne en aunci Mais en une cambre pavee (li pavemens . . . taillies pour bien gouvrener Une danse et au droit mener); im Buissou de Jonece findet sie wieder unter freiem Himmel statt (1901: Beaus fu li lieu, ombrus et vers).

Am Schluss dieses Kapitels mag noch auf einige Froissartsche Verse verwiesen werden, die sich auf die Karole beziehen; a. letzta. O. 2805 ff.:

> Ja ne seroient nul jor las
> Jone gent d'estre en tel solas,
> Car leur nature le requiert, etc.

> Celle part vont li berger
> à grant piperie . . .
> si ont fait grant vireli . . ., etc.

Doch wird auch mitunter zu den Karolen der Schäfer nur gesungen, so z. B. Froissart, Past. IV, 49 ff, XI 74 ff, zuweilen jedoch auch der Gesang von Musik begleitet, so z. B. Bartsch: Rom. u. Past. III 27, 34 ff.

1) Die Karole wird nur von Instrumentalmusik begleitet, so z. B. gleich in der ersten Karole am Schluss der Einleitung zum ersten Tage: Dioneo preso un linto e la Fiametta una viuola, comminciarono soavemente una danza a sonare. Per che la reina coll'atre donne, insieme co' due giovani, presa una carola, con lento passo . . . a carolar comminciarono; dagegen dürfte die Karole am Abend des zweiten Tages sich in der in Rede stehenden Beziehung von der bezüglichen frz. Karole nicht unterschieden haben: menando Emilia la carola, la seguente canzone da Pampinea, rispondendo l'altre, fu cantata. [Dass man sich bei solch einer Karole wie der ersten in den Gangbewegungen auch auf blosses Herumgehen in einem geschlossenen Kreise wie bei der frz. Karole beschränkt haben wird, dürfte etwas unwahrscheinlich sein]

Anhang.

Als Anhang zu diesem Kapitel mögen mit Beziehung auf die oben geschilderte Karole noch einige Bemerkungen über die danse folgen, insofern es sich um ihre Begleitung, sei es durch Instrumentalmusik, sei es durch gesangliche Vorträge handelt.

Die Karole in vornehmen französischen Kreisen scheint, wie wir gesehen, nur unter Begleitung von Liedern stattgefunden zu haben, was ihr einen bestimmteren Charakter gegenüber der italienischen Karole giebt, in Kreisen des gemeinen Volks doch auch von Instrumentalmusik. in welch letzterem Fall es ganz natürlich sein dürfte, dass die Bewegungen während derselben sich keineswegs auf einfaches Umhergehen im Kreise beschränkt, sondern den Tänzen näher gestanden haben werden.

In entschieden hervortretendem Gegensatz zu den französischen Karolen der höfischen Kreise stehen jene danses, die in Froissarts Prison am. 354 ff. und 398 ff. erwähnt werden, wie das schon Scheler in der bezüglichen Anmerkung feststellt. Sie sind von Instrumentalmusik begleitet. Im ersteren Falle wird uns ein kleiner Einblick in dieselbe gewährt:

La estoient li menestrel,
Qui s'aquitoient bien et bel
A piper, et tout de nouvel,
. . danses teles qu'il sceurent.
Et si trestost que cesse eurent
Les estampies qu'il batoient,[1]) . . .

---

1) Scheler erklärt im Glossar zu Froissart unter Anführung dieser Stelle estampie mit chanson accompagnée de danse, où l'on frappait fortement la cadence avec le pied. Ob aber nicht battre in ganz anderer Beziehung zu nehmen ist?

Die danses, welche hier die menestrels aufspielten, waren
also estampies. Einige solcher Musikstücke sind uns erhalten. Brakemann: Herrigs Archiv 42,57 (23 afrz. chansonniers) spricht von „Kompositionen zu estampies ohne
Worte auf fünf Notenlinien“, die von einer Hand des
15. Jahrhunderts in die Pariser Hdschr. 844 nachgetragen
sind. P. Meyer berichtet in seinem schon erwähnten
Rapport in den Archives des missions scientifiques,
IIme série, tome V von 19 Estampie-Texten der Douce-
Hdschr. 308 (S. 222 verzeichnet er die ersten Verse derselben und S. 231 druckt er auch die beiden ersten vollständig ab). Wenn daher in einzelnen Fällen Musik-
instrumente nicht zur Hand waren etc., mag man sich
diese Lieder zum Tanze auch haben singen lassen, wie
dergleichen Gebräuche sich noch heutzutage auf dem
Lande in den Kreisen des gemeinen Volks erhalten haben.
In den estampies hätte man also eine Art von Musik-
stücken, welche höfische Tänze begleiteten. Weitere
Namen für Musikstücke zu den danses des gemeinen
Volkes begegnen mehrfach in den Pastourellen,[1] wobei
verschiedentlich dazu benutzte Instrumente genannt
werden.

Neben jenen höfischen danses, welche von Instrumentalmusik, die zur Not durch gesanglichen Vortrag er-
setzt werden mochte, begleitet wurden, und welche eben
darum der Karole ferner gestanden haben werden, gab
es auch solche, die ähnlich wie die Karole von Liedern

Ich erkläre mir die Ausdrücke piper und battre im obigen Citat in Hinblick auf Bartsch: Rom. u. Past. III 21,29:
    Guis dou tabor au flahutel
    leur fait ceste estampie:
      chivalala dori doreaus
      chivalala dorie.
[1] Vgl. unten S. 64, Anm.

mit Refrain begleitet wurden; so z. B. Froissart, Esp. am. 1095 ff.:

> Une fois presins à dansèr;
> Là estoient plus de nous doi;
> Je le (die Dame) tenoie par le doi,
> Car elle me menoit devant.
>
> Mes tout bellement en sievant,
> Entrues que le doi li tenoie,
> Tout quoiement li estraindoie . . .
>
> 1105 S'elle chantoit, de li respondre
> Moult tost estoie apareillies . . .
> Puis nous assëins sus un sige . . .
>
> 1122 . . Et à ces cops se lieve
> Et dist: „Dansons; pas ne me grieve
> Li esbatemens de la danse.‟
> Lors entrames en l'ordenansce
> De danser une longue espasse.

Die zu diesen danses gesungenen Lieder werden wohl nicht estampies gewesen sein, da die von P. Meyer a. a. O. gegebenen Proben keine Refrains zu haben scheinen. Vielleicht, dass man hier an die französischen ballettes zu denken hat, wie auch in Boccaccio's Decameron die zur danza am Abend des ersten und vierten Tages gesungenen derartigen Lieder ballatetta und ballata genannt werden.[1])] Wenn auch besonders die letzten Verse zeigen dürften, dass im obigen Falle etwas vorliegt, was sich von der höfischen Karole unterscheidet, so kann sich diese Art der danses doch nicht zu weit von ihr entfernt haben. Man wird es darum nicht auffällig finden, wenn auch die französische Karole der höfischen Kreise, die gewöhnlich von der danse geschieden wird, gelegentlich nur als besondere Tanzart bezeichnet wird.

---

[1] Welches wären dann aber die Lieder des frz. bal (bel)? Wie stellt sich der Begriff des bal zu dem von danse und carole?]

Zweites Kapitel.

Rondeaux und Virelais als Marschlieder etc. etc.

Sieht man von der besonderen Art des Rundganges während der Karole ab und stellt sich die Sänger, ohne dass sie sich dazu gerade die Hände gereicht zu haben brauchen, in beliebiger Richtung frei vorwärts schreitend vor, so kommt man auf eine weitere Verwendung der Rondeaux und Virelais, welche sie von allen andern in Betracht kommenden Liederarten abzweigt. Ein gewisses festliches Gepräge hat die Sache noch, wenn diese Lieder von solchen gesungen werden, die einem lieben Gaste oder heimkehrenden Verwandten zum Empfange entgegenziehen, oder von den Ankommenden selbst, die ihren Einzug halten, — die beiden letzten Fälle nebeneinander z. B. Renart 1. N. 1765 ff. Alles feierliche Gepränge schwindet aber, wenn sie schliesslich auf Spaziergängen, Wanderungen und Märschen gesungen werden; — vgl. Froissart, Mois de May 422 ff., Renart 1. N. 4575 ff., Froissart, Buisson de Jonece 1282 ff. oder Paradys d'Amour 835—903, 1412 ff. Nicht übersehen mag man an diesen Belegen, dass bisweilen der Vortrag der bezüglichen Lieder von demjenigen während der Karole insofern abweicht, als bei einem bekannten Liede sämtliche Mitwirkenden gleichen Anteil an demselben nehmen; so ist das z. B. der Fall bei den beiden Rondeaux und dem Virelai im Paradys d'Amour, nachdem der Dichter seine beiden Begleiterinnen zunächst mit denselben bekannt gemacht; vgl. in Bezug auf das erste Rondeau V. 863 ff.:

> Or le chantons encore à trois.
> Adont chantames hault et cler,
> Comme les dames de Vauscler,
> Une fois, deux fois, et la tierce: etc.;

in Bezug auf das zweite V. 901 ff.:

> Là le. chantames d'un accort
> A trois sans faire nul descort;
> Et tandis alions le bois . . .;

und in Bezug auf den Virelai V. 1449 ff.:

> Lors le chantames d'une vois
> Mult clerement entre nous' trois,
> Et tout dis le bois alions . . .

Weiter von der Karole ab liegen schon jene Fälle, in denen die Sänger ihren Weg zu Pferde machen, so Cleomades 5749—5964, Renart l. N. (2379 ff. oder) 6787—6806; sie fallen schon ziemlich nahe der Grenze des Gebietes, in welchem die Rondeaux und Virelais mit verschiedenen anderen Liederarten konkurrieren. Auch verringert sich im Vergleich zu den vorigen Fällen hier die Wahrscheinlichkeit dafür, dass wir noch Lieder im Marschtempo vor uns haben, beträchtlich; wenn auch die Vortragsweise derselben im allgemeinen noch dieselbe blieb, wie wir sie in der Karole kennen lernten, — ganz genau so an jener Stelle des Cleomades und wohl auch Renart l. N. 6787 ff.

Anmerkung I. Speciell gegen die Belege aus Froissart könnte beim ersten Überblick eingewandt werden, dass die zugehörigen Lieder doch wohl nur der Absicht dienen, die Gemütsstimmung dessen, dem sie in den Mund gelegt werden, meist unter dem Eindruck aufregender Umstände und Verhältnisse, kurz zum Ausdruck zu bringen; wie es besonders in jener Zeit bei den Dichtern üblich war, dergleichen Lieder bald bei dieser bald bei jener Gelegenheit als Ausflüsse und Ergüsse eines lyrisch bewegten Herzens zu geben. Allein dann wäre es doch sehr auffallend, dass gerade in all solchen Fällen wie den obigen ausschliesslich nur die Formen von Rondeaux und Virelais gewählt sind, während doch bei

jener Annahme z. B. die Balladen und unter Umständen
auch noch andre lyrische Dichtungsarten denselben An-
spruch und dasselbe Anrecht darauf gehabt hätten. Denselben Einwand könnte man schliesslich auch gegen die
meisten Lieder, die während einer Karole gesungen werden, erheben. Dennoch aber kann man dergleichen Fälle
in Betracht ziehen, wenn es eben nur auf die äusseren
Formen und Verhältnisse, an sich genommen, ankommt,
unter denen jene Lieder auftreten; — wie wir schliesslich auch kein Bedenken getragen haben, um uns ein
Bild von der Karole zu verschaffen, jene Fälle zu Rate
zu ziehen, die von Personifikationen abstrakter Begriffe
ausgeführt werden, als z. B. im Roman de la Rose und
Froissarts Bouisson de Jonece.

Anmerkung II. Mit dieser zweiten Klasse von
Fällen lassen sich eventuell auch die Einführungs- und
Scheiderondels der Miracles de Nostre Dame (s. L. Müller
a. a. O. S. 57 ff.) zusammenstellen; doch sind uns dieselben (sämtlich Rondeaux nach den strengeren Regeln
der jüngeren Periode) aus einer Zeit erhalten, in welcher
neben den Rondeaux die Virelais schon bestanden, von
welch letzteren Formen sich aber hier keine Beispiele
finden. Da es sich in diesen Mirakelspielen im grunde
nur um eine Eigentümlichkeit handelt, die allein die
Rondeaux angeht, so lassen wir sie für unsere Zwecke
besser ganz bei Seite.

Drittes Kapitel.

Rondeaux (und Virelais) als Tafellieder.

Eine dritte Verwendung, welche sie von allen
übrigen in Betracht kommenden Liederarten absondert,
finden die Rondeaux (und Virelais) gelegentlich von

Gastmählern als Tischlieder, wenn sie von Wirt und
Gästen selbst gesungen werden.[1])

Diese Sitte berührt sich mit jener, in welcher die
Gäste, sei es während des Mahles, sei es kurz darauf,
durch allerlei instrumentale und gesangliche Vorträge,
durch Kunststücke und Ergötzlichkeiten der verschiedensten Art unterhalten werden, wie z. B. in der Flamenca (hg. von P. Meyer) 584 ff., Flore et Blancheflor
3167 ff., Machaut, Voir-Dit, S. 150/51, etc.; doch muss
sie hier strenge davon geschieden werden.

Auch dieser dritte Fall zeigt ziemlich nahe Verwandtschaft mit der Karole. Der Hauptunterschied besteht darin, dass hier mit dem Vortrage dieser Lieder
nicht mehr schreitende Bewegungen der Sänger verbunden sind. Die Vortragsweise dieser Lieder ist jedoch
dieselbe geblieben; auch mag man noch den Kreis, den
eine Tischgesellschaft um die Tafel bildet, immerhin mit
demjenigen der Karole vergleichen.

Belege für diesen dritten Fall begegnen ungleich
seltener als in den vorigen beiden. Mir waren drei
zur Hand, einer aus dem Chastelain de Coucy, zwei aus
dem Renart le Nouvel:

1. Der Chastelain Coucy sitzt an der Tafel neben
    einer Dame, mit der er eben einige Worte ge-
    wechselt. Darauf heisst es V. 3843 ff.:

    Atant lessierent le parler,
    Et la dame prist à chanter
    Pour la compagnie esjouïr:
    Es folgt ein Lied in der Form eines Rondeau.
    A ceste chançon hautement
    Chanterent tuit et respondirent
    Et li servant des mes servirent . . .

[1) Es handelt sich hier nicht etwa um Tischlieder in
dem Sinne, wie sie L. Müller a. a. O. nimmt.

2. Renart le Nouvel 6353 ff.:

> Lors fist Renart l'iaue corner
> Sëoir vont apres le laver;
> Ke il estoit miedis graus;
> Et au premier mes aporter
> Fist Renart Renardiel canter
> Chest cant ...

(6361) Dont pria Renart la Roïne ...

(6371) Au secont mes lors Renart prie
> Le bievre, s'il li plaist, qu'il die
> Pour amour de ciaus qui ci sont,
> Une chançon, il respondront ...

(6379) Au tiers mes a Renart cante

(6385) A cascun mes les fist canter ...

3. Renart le Nouvel 7061 ff.:

> Adont cria li counestables,
> Tuit se voisent sëoir as taules ...

(7075) Et au premiers mes aporter
> Prist Renart ... à canter ...

(7079) A cascun mes et entremes
> Fu dite cançons u rondes;
> Et furent siervi plenement ...

Was die bei dieser Gelegenheit in den Text des Renart le Nouvel eingeschalteten Liederanfänge betrifft, so kann hier auf Einleitung S. 12—14 Anm. und S. 15 verwiesen werden.

Belege für solche Fälle, in denen auch die Virelais als Tafellieder der in Rede stehenden Art gesungen wurden, sind mir nicht zur Hand,[1]) doch fehlen

---

1) Wenn es Machaut, Voir-Dit, S. 150/1, heisst:
> Par accort soupames ensemble ...
> Là fumes servi de dous lais,
> D'entremes et de virelais
> Qu'on claime chansons baladees

mir auch gleiche Fälle für die Rondeaux des 14. oder 15. Jahrhunderts. Man könnte meinen, die Virelais wären als derartige Tafellieder doch etwas zu lang gewesen; aber wenn man sich dieselbe Sitte bis in Froissarts Zeit erhalten denkt, würde das wohl kein Grund dagegen gewesen sein.

Am Schlusse dieses zweiten Teiles der Arbeit noch einiges über mögliche weitere Verwendungen der Rondeaux und Virelais, die den eben geschilderten zur Seite gestellt werden können. Weitere Verwendungen der Rondeaux und Virelais für Zwecke der geselligen Unterhaltung, welche sie von allen anderen Dichtungsarten der in Betracht genommenen Zeit absondern und mit den oben angegebenen auf gleiche Stufe zu stellen wären, können wir nicht mit Sicherheit belegen; doch dürfte mit den obigen ihre Reihe kaum abgeschlossen sein.

Eine noch nicht behandelte Gelegenheit, bei der auch wohl nur ausschliesslich die in Behandlung stehenden Lieder gesungen werden, begegnet z. B. Renart le N. 6807 ff.: Renart hat eben mit dem Könige Frieden geschlossen, welcher als dessen Gast mit der Königin, Rittern und Edelfrauen in (die Burg) Passe-Orguel einzieht. Während man nun nacheinander von den Pferden absteigt und in den Palast Renarts eintritt, werden jene Lieder gesungen. Gewöhnlich geschieht dieses in der Weise, dass ein Ritter nach dem andern mit seiner Her-

---

et de tout le fait de musique
Tres-bien et tres-proprement; si que
On ne savoit auquel entendre;
so haben wir diese Stelle am Anfang dieses Kapitels wohl mit Recht einer hier nicht hergehörigen Gruppe von Fällen zugewiesen.

zensdame, der er beim Absteigen behilflich ist, solch ein
Liedchen wechselt. Es steht nun aber in diesem Falle
ausser Frage, dass der Dichter in seinen Schilderungen
ganz besondere Zwecke verfolgt, und darum fragt es sich
um so mehr, ob er nicht für dieselben jene Form, in
welche diese Lieder resp. Liederanfänge eingefügt sind,
aus eigener Erfindung eigens geschaffen. Dieses wäre
doch sehr wohl möglich. Wenn man wenigstens noch
einen entsprechenden Fall daneben hätte, in welchem
derartige Nebenabsichten nicht vorliegen, dann könnte
man schon zu einem allgemeinen Bilde auch dieses Beispiel verwerten. So aber hat man allein auf Grundlage
dieses Beleges kein Recht, neben den drei oben angeführten allgemeinen Fällen noch einen vierten zu setzen.
Es lässt sich jedoch im Hinblick auf die verschieden-
artigen oben angeführten Verwendungen der Rondeaux
(und Virelais) auch sehr wohl denken, dass ein ge-
schickter Festordner des 13. Jahrhunderts bei dieser oder
jener Gelegenheit, eventuell auch bei einer ähnlichen
wie der vorigen, den Vortrag von Rondeaux angeordnet,
da diese Lieder vor allen andern aus auf der Hand liegenden Gründen besonders für eine allgemeine Unterhaltung geeignet und leicht verwendbar gewesen sein
mögen. Sodann steigt auch beim Vergleich der obigen
Fälle unwillkürlich der Gedanke auf, dass sie in Anbetracht ihrer Verwandtschaft entweder eine (unbekannte)
gemeinsame Wurzel haben werden, die nach verschiedenen
Seiten Stämme getrieben, oder aber, dass einer von ihnen
der Stamm ist (am wahrscheinlichsten dann die Karole),
von dem aus die andern entsprossen.[1] Wie kann man

---

1) Diese letztere Ansicht erweist sich bei näherer Untersuchung als die wahrscheinlichste, und demgemäss habe ich
auch die Karole im ersten Kapitel dieses Teiles der Arbeit
behandelt.

da noch prüfen oder feststellen, ob nicht mancher Stamm
ausgegangen resp. mancher Sprössling verdorrt ist, ohne
dass uns deutliche Anzeichen davon erhalten wären, zu-
mal es mit beweiskräftigen Spuren davon, dass uns in
der zweiten und dritten Gruppe von Fällen wirklich allgemein verbreitete Sitten des geselligen Lebens jener Zeit
vorliegen, auch verhältnismässig nur schwach bestellt ist.

Anhang.

Bemerkungen, betreffend die Etymologie und Bedeutung von carole, rondeau und virelai.

a) carole.

Als Stammwort dürfte corolla anzunehmen sein;
vgl. Palaye: Dict., Wolf: Lais, Anm. 18, Diez:
Wtb. II c., Förster: Rom. Etym. in der Zeitschr. f.
rom. Phil. IV 109/10 und endlich Godefroi: Dict.,
dessen Artikel carole in den verschiedensten Bedeutungen
dieses Worts bis jetzt am reichhaltigsten ist.

Wenn Diez: Wtb. sagt, corolla passe als Stammwort auch in der Bedeutung Kreis von Menschen schlecht,
so widerspricht das Wolfs Schilderung von der Karole,
der dabei sagt, dass die „Tanzenden", sich bei den Händen
haltend, einen Kreis bildeten. Diez übersetzt carole
allerdings mit Reihentanz (Reigen), er weiss auch, dass
man sich dabei an den Händen hielt, dürfte aber Wolfs
Schilderung, auf die er selbst verweist, in Bezug auf
jenen Punkt ignoriert haben, da ihm einmal von Wolf
keine Belege dafür beigebracht werden, sodann aber auch
hauptsächlich jene Fälle vorgelegen haben werden, in
denen carole ganz gut das lat. chorus übersetzt, wie
etwa in den bei Godefroi schon herbeigezogenen Be-

legen aus den Büchern der Könige (hg. von Le Roux
de Lincy, Paris 1841), I. Buch, XVIII, 6. lat.: Egressae
sunt mulieres de universibus urbibus Israel cantantes
chorosque ducentes in occursum Saul regis. .. 7. Et
praecinebant mulieres ludentes atque dicentes: Percussit
Saul mille et David decem milia; afrz.: 6, Les femmes
e les meschines vindrent encuntrc le rei Soül ....
charolantes .... 7. Et chantantes que Soül out ocis
mil e David dis milie; im selben Buch, XXI, 11 etc.;
auch sind Diez die ital. Karolen nicht unbekannt, von
denen er meint, dass sie aus Frankreich herübergekom-
men seien, und die doch, wie es auch uns höchst wahrscheinlich dünkt, nicht an eine kreisförmige Bewegung
der dabei beteiligten Personen gebunden sind.[1])

Förster a. a. O. hält es von vorn herein für aus-
gemacht, dass die Karole in Kreisform ausgeführt wurde,
er führt aber ebensowenig wie Wolf einen Beleg dafür
an, weshalb die Berichtigung der Auslassungen Diezens
durch ihn nur von lautlicher Seite gegeben ist.

Der Name der oben geschilderten festlichen Vergnügung übertrug sich später auf eine Art der dabei
gesungenen Lieder, nämlich auf die virelais; so haben
wir bei Charles d'Orléans für diese Dichtungsart nur
noch den Namen carole. Wolf a. a. O. glaubt diesen
Namen für die während jener Vergnügung gesungenen
Lieder schon im 13. Jahrhundert annehmen zu dürfen,
— eine gar nicht so unwahrscheinliche Annahme, da

---

1) Vgl. z. B. oben S. 50, Anm. 1, und S. 51, Anm. 1. Die im
Boccaccio geschilderten Karolen können wohl, mindestens bisweilen, nur Umzüge gewesen sein, die allerdings mit den frz.
Karolen der höfischen Kreise verwandt sein werden, die aber
in gewisser Beziehung besser mit der im zweiten Kapitel
dieses Teiles behandelten Gruppe von Fällen zusammengestellt
werden.

um jene Zeit z. B. auch (vireli sowohl die Festlichkeit
selbst wie auch die dabei gesungenen Lieder bezeichnen
konnte oder) afrz prov. bal,[1]) danse,[2]) dant,[3]) espringuerie,[4])
tresche,[5]) dorenlot[6]) etc. sowohl den Tanz als das dazu
gehörige Tanzlied oder Musikstück bezeichnen. Sein
einziger Beleg aus Jacques Bretex ist jedoch nicht
absolut beweisend. Es heisst darin: là où on chante
les karoles. Ich stelle daneben Rose 763: Lors vëissies
carole aller. In beiden Fällen dürfte mit Karole die
volle festliche Vergnügung gemeint sein; nur scheint
dem Verfasser der ersten Stelle das Moment des Singens
bei derselben am meisten vorgeschwebt zu haben, derjenige der zweiten das Augenmerk besonders auf die
körperlichen Bewegungen gerichtet zu haben.

b) rondeau

afrz. rondiaus, obl. rondel, prov. redondel. Dieses Wort
scheint erst mit dem 14. Jahrhundert aufzutreten, im
13. Jahrhundert nur rondes, obl. rondet, älter rëondes.
Im Reim ist das letztere Wort mir nur bekannt Renart
le Nouvel 7079/80, entremes (missum): rondes. Wir
haben es also auch in rondes (wohl) ganz sicher mit

---

1) bal als Tanz z. B. Bartsch: Rom. u. Past. II 59, 13
oder II, 2; als Lied z. B. in der Besprechung des bal (=balada)
in den Leys d'amors (Ausg. v. Gatien-Arnold I 348 und 350).

2) danse in der ersten Bedeutung zu gewöhnlich; als
Lied z. B. in den Leys d'amors behandelt I 340 und 342; als
Musikstück z. B. Froissart, Pris. am. 358.

3) dant als Tanz Bartsch, Rom. u. Past. II 30, 34; als
Lied in den Leys d'amors behandelt I 342.

4) espringuerie als Tanz Bartsch, Rom. u. Past. III 30, 7,
als Musikstück ebd. III 30, 60.

5) tresche als Tanz Bartsch: Rom u. Past. III 22, 49/50;
als Musikstück ebd. II 58, 31.

6) dorenlot als Tanz Bartsch: Rom. u. Past. II 77, 50;
als Musikstück II 22,11.

der Diminutivform vom afrz. Subst. (roons), roont (vgl.
Palaye), rëont (z. B. Froissart, Past.), rond (vgl. Palaye)
zu thun. Das bei Godefroi unter carole gegebene Citat,
Dolop. 2868:

> Ne vont mie contre lor des
> Queroles font et rëondes,

könnte auf den ersten Blick verwirren, da das e in des
sonst mit dem aus lat. a entwickelten assoniert (vgl.
G. Paris, Alexis, Préface 50 ff., Tobler, Gött. gel. Anz.
1872 S. 887). Mir war der Dolopathos nicht zur Hand,
doch liegt im obigen Citat wohl kein Reim vor, da es
von vorn herein grössere Wahrscheinlichkeit für sich
hat, dass V. 2868 mit 2867 reimt, etc.

Scheler, Dict. d'étym. citiert unter rondeau die Erklärung von Ch. Fontaine (1576), nach welchem das
rondeau — une pièce de vers „fait en mode circulaire"
ist; Littré erklärt den Stamm des Wortes: Rond, à cause
du retour que fait le rondeau, und Sachs glaubt das
Richtige zu treffen, wenn er rondeau mit Ringelgedicht
übersetzt. Allerdings sind dieses Vorstellungen bei jenem
Worte, welche die jetzigen Franzosen haben; sie sind
aber nicht die ursprünglichsten; denn es hat mehr Wahrscheinlichkeit für sich, die Entwickelung der Bedeutung
in ähnlicher Weise vor sich gegangen zu denken, wie
wir es bei carole sahen, indem man dabei zunächst auf
die jenen Liedern zu Grunde liegende gesellige Vergnügung zurückgeht. Auch Palaye scheint das letztere
angenommen zu haben, wenn er als dritte Bedeutung
für das Wort rondeau-danse en rond (als vierte cercle
de personnes réunies en rond, Beisp. assises l'une pres
de l'autre comme un rondeau, etc.), und erst als achte
die bekannte Dichtungsart anführt. Im obigen Citat aus
Dolopathos scheint rëondes noch den ursprünglicheren
Sinn zu haben.

c) virelai.

Dieses Wort kann ich mit Sicherheit erst aus dem 14. Jahrhundert belegen; aus dem 13. Jahrhundert mit Sicherheit nur vireli. Da sich noch· in keinem Wörterbuch eine nennenswerte Sammlung von Belegstellen für das letztere Wort findet, so mögen die mir vorliegenden Fälle hier aufgezählt werden:

1. Das bei ˙Ducange, Gloss. m. et inf. lat., Art. vireli gegebene Beispiel (vgl. Hist. litt. XXI, 624) aus dem Regestrum visitationum archiepiscopi rothomagensis („Odo Rigaldus"; nach Hist. litt. XXI, 622 erstreckten sich seine Visitationen von 1248—1269): Clerici ac etiam capellani (S. Ildeverti de Gornaio) in festivatibus quibusdam praecipue in festo S. Nicholai dissolute et scurriliter se habebant ducendo choreas per vicos et faciendo le vireli.

2. Cleomades 5529:

> A maniere de vireli
> La (chansonnette) fist, car il li plot ainsi.

3. Bartsch: Rom. u. Past. III, 41 (nach einer Hdschr., die er ins 13.—14. Jahrhundert setzt) eine Pastourelle zu 7 Strophen mit dem Refrain:

> sus sus au virelin
> sus sus au virelai.

Der dem Refrain unmittelbar vorhergehende Vers endet jedesmal mit dem Wort virelai, das dort das bezügliche Lied (ev. auch nur Musikstück) bezeichnet.

4. Bartsch: Rom. u. Past. II, 30 (aus dem Douce-Mscr. 308), V. 48 ff.:

> Celle pairt vont li bergier
> à grant piperie:
> par la main sans atargier
> prant chascun s'amie.
> si ont fait grant veirelit (B: vireli).
> Gatiers la muze saixit, . . .

5. Ein weiterer Beleg (schon von Palaye aufge-
führt) in der Liederhandschrift von Montpellier H 196
deren Texte diplomatisch von Jacobsthal, Ztschr. f. rom.
Phil. III, abgedruckt sind, — geschrieben nach demselben in der ersten Hälfte des 14. Jahrhunderts (vgl.
auch Raynaud, Recueil de motets I, IV, 57) —, Ztschr.
f. rom. Phil. III, 541: amors fet chanter seri au damoisel
poli com cil qui sunt d'amors tuit resioi; si di qu'amors
fet cuer esbaudir, faire le vireli, et si fet hardi, sage
et enseigni.

6. Endlich noch der bei Palaye unter virely citirte
Beleg aus Deschamps:

> Six ou huit jours s'en va au virely,
> Danser, sans moy, ma femme en parement.

Mit Ausnahme des Belegs aus dem Cleomades ist
in den obigen Fällen für vireli die Bedeutung der betreffenden tanzartigen Vergnügung vorzuziehen, an jener
Stelle des Cleomades wohl diejenige der dabei gesungenen Lieder.

Die Etymologie dieses Wortes ist noch nicht fest-
gestellt; im ersten Beispiel scheint es nicht recht ins
Lateinische übersetzbar gewesen. Vielleicht, dass die
erste Bedeutung (die tanz. Vergn.) die ursprünglichere
ist, ähnlich wie bei (bal,) carole, etc.

Aus dem vireli in der zweiten Bedeutung hat man
wohl in Anlehnung an das bekannte lai = Lied, Weise —
virelai gebildet. Sobald diese neue Form allgemein an-
erkannt, scheint vireli nur noch in der ersten Bedeutung
gebraucht zu sein, in welcher es, wohl gleichbedeutend
mit carole, noch bis auf Deschamps nachgewiesen ist.

Thesen.

I.

Wenn W. F. Schultze: Hume und Kant über den Kausalbegriff (Rostocker Dissertation, 1870), S. 8 behauptet, Hume habe eine Gleichzeitigkeit der Wirkung mit der Ursache für möglich gehalten und gar Beispiele dazu gegeben, so dürfte er Hume im Original kaum gelesen haben und durch die Kirchmannsche Übersetzung irregeführt sein.

II.

Die Herausgeber der ersten Folio-Edition lassen den Leser nicht im Ungewissen über ihre Auffassung des dramatischen Charakters von Shaksperc's Troilus and Cressida; sie kennzeichnen dieses Stück entschieden als Tragödie.

Vita.

Henricus Fridericus Pfuhl natus sum die XXX
Januarii a. h. s. LIX in praedio Berszienen, quod situm
est prope Gruenheide, patre Eduardo matre Amalia e
gente Scharfetter, quos bona frui vatitudine laetor et
summa cum pietate colo. Fidem profiteor evangelicam.
Postquam litterarum elementis in schola reali Inster-
burgensi imbutus maturitatis testimonium adeptus sum,
mense Majo a. h. s. LXXX linguarum recentium studiosus
in civium Academiae Regimontanae numerum receptus
sum. Auctumno a. h. s. LXXXI Berolinum me contuli
ubi per quater senos menses studiis me dedidi. Tum
Regimontum redii ibique usque ad mensem Martium
a. h. s. LXXXV scholas audivi. Examine pro facultate
docendi absoluto, a mense Aprili a. h. s. LXXXVI locum
candidati probandi in gymnasio Memelensi teneo. Seminarii Romanici Berolinensis per sex menses sodalis
eram ordinarius, seminarii Romano-Anglici Academiae
Regimontanae per quater senos menses. Exercitationibus
Theodiscis quas moderatur Schade atque disputationibus
sub auspiciis Thielii philosophi habitis intereram.

Magistri mei fuerunt: *Bashford, Blochmann, Erd-
mann, Favre, Feller, Geiger, Kissner, Lentzner, Napier,
Paulsen, Quaebicker, Roediger, Rossi, Schade, Thiele,
Tobler, Walter, Zeller, Zupitza*, quibus omnibus gratiam
et habeo et semper servabo, praecipue autem *Oscaro
Schade* qui auctoritate et consilio benevolentissime me
adjuvit.